Helmut Fischer
Christlicher Glaube – was ist das?

T0161691

TVZ

Helmut Fischer

Christlicher Glaube – was ist das?

Klärendes, Kritisches, Anstöße

T V Z
Theologischer Verlag Zürich

Bibliografische Informationen der Deutschen Nationalbibliothek
Die Deutsche Nationalbibliothek verzeichnet diese Publikation in
der Deutschen Nationalbibliografie; detaillierte bibliografische Da-
ten sind im Internet über http://dnb.d-nb.de abrufbar.

Umschlaggestaltung

Simone Ackermann, Zürich
unter Verwendung von Vincent van Gogh (1853–1890), Die Ster-
nennacht, Saint-Remy, Juni 1889 (Öl auf Leinwand, 73,7 x 92,1
cm; Museum of Modern Art, New York); © akg-images/Lessing

Bibelzitate nach: Zürcher Bibel 2007

Druck

ROSCH-BUCH GmbH, Scheßlitz

ISBN 978-3-290-17614-3

Für Mai-Britt über die Konfirmation hinaus

Inhaltsverzeichnis

Dietrich Bonhoeffer hat schon in den 40er Jahren des letzten Jahrhunderts nüchtern festgestellt: »Der Mensch hat gelernt, in allen wichtigen Fragen mit sich selbst fertig zu werden ohne Zuhilfenahme der ›Arbeitshypothese Gott‹. In wissenschaftlichen, künstlerischen und ethischen Fragen ist das Selbstverständlichkeit geworden ... Seit etwa 100 Jahren gilt das aber in zunehmendem Maße auch für die religiösen Fragen.« Bonhoeffer spricht von einem Gott, den man sich als eine jenseitige Wesenheit oder als eine Person vorstellt, die auf wundersame Weise in unser Weltgeschehen eingreift. Und er sagt: »Für einen gebildeten Menschen wird der Glaube an einen solchen Gott bald ebenso unmöglich sein wie der Glaube daran, dass die Erde eine Scheibe ist, dass Fliegen aus dem Nichts entstehen, dass Krankheit eine göttliche Strafe ist oder dass Tod etwas mit Zauberei zu tun hat.« Er hat dringend dazu aufgerufen, den christlichen Glauben nicht an ein vergangenes gegenständliches Gottesbild zu binden, sondern Gotteswirklichkeit als Lebenswirklichkeit in unserer Welt auszusagen. Der Blick auf Jesus von Nazaret zeigt uns, wie Gotteswirklichkeit als menschliche Lebenswirklichkeit konkret, erfahrbar und sagbar wird.

Stellte man heute, ein dreiviertel Jahrhundert nach Bonhoeffers Äußerungen, die allgemeine Frage, ob es so etwas wie eine höhere Macht gibt, so fände man noch mehrheitlich Zustimmung, da sich unter einer »höheren Macht« jeder vorstellen kann, was er in seinem Weltverständnis unterzubringen vermag. Fragt man aber konkreter, so sieht das ganz anders aus. Eine 1992 in Berlin-Kreuzberg, -Mitte und -Wannsee durchgeführte Befragung brachte folgende Ergebnisse: An einen persönlichen Gott glauben gerade noch (je nach Altersgruppe) 34 bis 24 Prozent. Bei der jüngsten Altersgruppe der

16- bis 24-Jährigen sinkt die Zustimmung noch weiter ab. Hier halten nur noch 13 bis 16 Prozent das Weltall für eine Schöpfung Gottes und nur 8 bis 11 Prozent sind davon überzeugt, dass ein Gott den Lauf der Welt in der Hand hat.

Die kirchliche Verkündigung und Vermittlung des christlichen Glaubens ist nur noch für jene kleine Minderheit verständlich, die das traditionelle theistische Bild eines persönlichen Gottes mitbringt, der für uns sorgt und an den wir uns um Hilfe wenden können. Die Mehrheit der Zeitgenossen sieht sich allein durch die konventionelle Art, von Gott zu sprechen, aus der Gemeinschaft der Glaubenden ausgeschlossen. Sie geht ihre eigenen Wege. Der Markt der Sinnangebote ist groß. Für diese schweigende Mehrheit hat der Physiker C. F. von Weizsäcker in einem interdisziplinären Seminar bereits 1976 festgestellt: »Naturwissenschaftler und Christen können einander einen wichtigen Dienst tun, wenn sie einander kritische Fragen stellen ... Naturwissenschaftler müssen die Christen fragen, ob sie das moderne Bewusstsein vollzogen haben.« Er fragte deshalb so nachdrücklich, weil er in der Kirche keine Ansätze sah, sich mit dem zeitgenössischen Weltverständnis auseinanderzusetzen.

Propheten haben im eigenen Land und in der eigenen Kirche wenig Chancen, gehört zu werden. So soll hier der emeritierte anglikanische Bischof J. S. Spong von Newark (USA) das Wort haben. Er fragt: »Warum müssen wir die Christus-Geschichte losgelöst vom theistischen Gottesverständnis erzählen?« Seine Antwort: »Das ist erforderlich, weil die Reste des Theismus der Vergangenheit heute das wahre Leben aus dem Christentum geradezu austreiben ... Wenn es nicht gelingt, den Griff zu lösen, in dem der Theismus Christus hält, wird der Tod des Theismus sicher auch den Tod des Christentums mit sich bringen.« Nicht in der Kirche, aber in der deutschen Presse kann man das allgemein formuliert im Dezember 2010 von R. Leicht so lesen: »Entweder hält unser

14

Glaube den Errungenschaften des zeitgenössischen Wissens stand. Oder er ist eben nicht tragfähig. Was fangen wir mit einem Glauben an, der sich der schlichten Unkenntnis verdankt?« Viele Zeitgenossen stellen sich diese Frage ebenfalls, und sie fragen nicht überheblich und weil sie es besser wissen, sondern weil sie über den christlichen Glauben substanziell Auskunft erhoffen und dessen Inhalt erfahren möchten, freilich in einer Sprache und in Denkformen, in denen Menschen heute ihre Welt und sich selbst verstehen. Soll der Kontakt zum Glauben als Lebenswirklichkeit im christlichen Sinne nicht abreißen, so muss jede Christengeneration dieses Übersetzungsproblem geistig und sprachlich neu wagen und lösen.

Die folgenden Ausführungen sind der Versuch, den Kern des christlichen Glaubens in nichttheistischer Sprache zum Ausdruck zu bringen. Es ist ein Sprachversuch und keine Dogmatik, die auf 800 Seiten oder gar auf 14 Bände angelegt ist und anstrebt, alle in den christlichen Glaubenslehren je aufgeworfenen Fragen zu verhandeln. S. Kierkegaard hat einmal gesagt, dass die christliche Botschaft so einfach sei, dass man sie auf eine Streichholzschachtel schreiben kann. Das ist hier zwar nicht ganz gelungen. Aber angestrebt ist schon, den elementaren Gehalt des christlichen Glaubens ohne den in Jahrhunderten hinzugewachsenen erdrückenden theologischen Überbau so klar wie nur möglich hervortreten zu lassen.

Christlicher Glaube lässt sich nicht als Faktenwissen beschreiben. Er lässt sich allenfalls aus unterschiedlichen Perspektiven so umschreiben, dass das Unsagbare daraus hervortritt. Die unterschiedlichen Perspektiven sind durch die neun Stichwörter der Kapitel gekennzeichnet, die nicht für sich stehen, sondern wie die Speichen eines Rades alle auf den Kern des Glaubens hinweisen. Wo es nötig schien, wurde historisch erklärt. Gewordenes versteht man am besten, wenn man versteht, wie es geworden ist. Das Ziel dieser Arbeit liegt nicht darin, die vielen Glaubenslehren der Kirche kognitiv verständlich zu entfalten. Es geht viel elementarer darum, aus der verwirrenden Vielfalt der Traditionen jenes entscheidende Spezifikum des Christlichen herauszuheben, in welchem Gotteswirklichkeit, Gotteserfahrung und christlicher Glaube wie in einem Urkern ineinander liegen und nur als diese Einheit erfahrbar und sagbar werden. Da die einzelnen Kapitel auch in sich verständlich sein sollen, müssen notwendige Wiederholungen in Kauf genommen werden. Auf Verbindungen und Verzahnungen mit anderen Stichwörtern wird hingewiesen.

Ein Text dieser Art will und kann nicht fertig sein, denn er eröffnet einen Dialog. Ein Dialog über den Glauben schließt dieses Thema nicht ab, sondern schließt für die im Glauben eröffnete Lebenswirklichkeit auf. Dieser Text versteht sich zum einen als eine *Sprachbrücke* hin zu jenen Zeitgenossen, die sich mit der traditionellen theistischen Sprache schwertun. Er versteht sich zum anderen als ein *Sprachangebot* für Pfarrer, Religionspädagogen, Gruppenleiter, Gesprächsgruppen, Großeltern und Eltern, die auch jenen noch etwas sagen möchten, die aus der traditionellen kirchlichen Sprachwelt längst ausgewandert sind. Ich hoffe darüber hinaus, dass der Text auch für den notwendigen innerkirchlichen Dialog einige Anstöße gibt.

1 Religion

1.1 Religion – Was ist das?

1.1.1 Religion – ein umstrittenes Phänomen

Religion ist von großen und kleinen Geistern seit Jahrhunderten totgesagt worden. Entgegen allen Vorhersagen ist das Thema »Religion« seit gut 20 Jahren überraschend wieder aktuell und interessant geworden, selbst für die Massenpresse. Beispiel: Noch 1992 fasste »Der Spiegel« eine Befragung der Deutschen zu Religion, Glaube und Kirche in der Schlagzeile zusammen: »Abschied von Gott«. 2004 erschien F. W. Grafs gründliche Bestandsaufnahme der Religion in der modernen Kultur unter dem Titel »Die Wiederkehr der Götter«.

1.1.2 Religion ist nicht das, was jeder dafür hält

Wenn Sie Ihre Freunde fragten, was sie unter Religion verstehen und wie sie deren Zukunft einschätzen, so erhielten Sie nahezu so viele unterschiedliche Antworten wie Sie Freunde haben. Was Religion ist, scheint jeder zu wissen, aber eben jeder auf seine Weise. Was jemand unter Religion versteht, das leitet er aus der Erfahrung und aus dem Wissen her, das er aus seiner eigenen Einbindung in einen religiösen Hintergrund oder aus seiner Entfremdung davon mitbringt. In der europäischen Kultur ist dieser Hintergrund das Christentum oder eine am Christentum orientierte religionskritische Sicht. Diese eurozentrische Perspektive positiver wie negativer Art verengt aber das Verständnis von Religion, weil sie die Vielfalt der religiösen Erscheinungsformen ausblendet und nur das sieht, was im Horizont christlichen Weltverstehens in den Blick kommen kann.

1.1.3 Religion – eine Möglichkeit nur des Menschen

Die beschreibenden Religionswissenschaften haben uns für die Vielfalt religiöser Erscheinungsformen Horizont und Augen geöffnet. Sie werten nicht, sondern stellen fest und ordnen. Dabei haben sie herausgefunden, dass alle uns bekannten frühen Gesellschaften und Kulturen mit religiösen Elementen verbunden und von ihnen durchformt sind. Das hat einige zu der kühnen These angeregt, dass der Mensch als das »Tier mit Religion« zu verstehen sei. Daran ist richtig, dass Religion bei keinem Tier anzutreffen ist und als ein rein menschliches Phänomen zu gelten hat. So etwas wie eine »religiöse Anlage« lässt sich allerdings ebenso wenig postulieren wie ein religiöses Gen oder ein Hirnareal, das für Religion zuständig ist. Es darf nicht unterschlagen werden, dass es in historischer Zeit stets Menschen gab, die ohne die Anbindung an jene Wirklichkeit lebten, die ihre Zeitgenossen als Religion verstanden und ausübten. Der Philosoph Jürgen Habermas ist nicht allein, wenn er die Realität von Religion zwar soziologisch zu würdigen weiß, sich selbst aber als »religiös unmusikalisch« bezeichnet. Wer sich freilich als areligiös bezeichnet und aus dieser Perspektive die Religion für Phantasie oder zur Wahnwelt erklärt, der schließt sich selbst aus dem ernsthaften Gespräch über Religion aus.

1.1.4 Religion lässt sich biologisch nicht definieren

Der aufrechte Gang auf zwei Beinen, der sich vor etwa zweieinhalb Millionen Jahren vollzogen haben soll, macht einen Menschenaffen ebenso wenig zum Menschen wie die Bezeichnung »Homo« (= Mensch), die Biologen bestimmten Skelettfunden aus jener Zeit gegeben haben. Biologische Tatbestände wie Hirnvolumen und Greifhände sind gewiss Voraussetzungen für Menschsein, können uns aber nicht sagen, was das Menschsein vom Tiersein unterscheidet.

18

1.1.5 Religion und Sprache

Der wesentliche Entwicklungsschritt hin zum Menschsein im heutigen Sinn scheint sich in jener Phase vollzogen zu haben, in der sich der werdende Mensch seiner selbst bewusst wurde. Das ist nach heutigem Wissensstand nur mit einer Sprache möglich, die weit mehr leistet als jedes tierische Kommunikationssystem. Es muss bereits eine Sprachform sein, in der sich mehrere Individuen über etwas verständigen können, das nicht sie selbst sind, zu dem sie sich aber in Beziehung setzen können. Tiere lernen mit den Gegenständen ihrer Welt umzugehen, sie für sich zu nutzen oder ihnen aus dem Weg zu gehen. Erst über Sprache erschließt sich die Welt als etwas Größeres, in das wir uns eingebunden wissen, von dem wir abhängen und in dem wir unseren Weg finden müssen.

Das Wesen Mensch, das sich seiner selbst in einer vorgefundenen Welt bewusst wird, beginnt die Fragen zu stellen, die uns bis heute umtreiben: Wer bin ich im Gegenüber zu den anderen Lebewesen, Pflanzen, Gegenständen und Erscheinungen? Woher komme ich? Wenn ich sterbe, wohin gehe ich? Solange ich hier bin, wozu lebe ich? Wie soll oder möchte ich leben? Diese elementaren Fragen, zu denen ein Wesen Mensch durch Sprache fähig wird und die auf Antworten drängen, sind und bleiben die Basis für das Sinngefüge Religion. Dazu bedarf es keiner besonderen Anlage, keines religiösen Gens, keines religiösen Hirnareals und auch keiner »religiösen Musikalität«. Diese Fragen haben auch die religiös Unmusikalischen.

Religion hat es bleibend mit jenen Urfragen zu tun, vor die sich ein Mensch, der sich seiner selbst und seiner Endlichkeit bewusst ist, jederzeit gestellt sieht, und zwar unabhängig davon, ob er einer bestimmten Religion angehört, und auch unabhängig von den Antworten, die er für diese urmenschlichen Fragen findet.

1.1.6 Der Sinnhorizont von Religion

Als Erstes bleibt also nur die Feststellung: Mit Religion ist zunächst nur jener Bereich umschrieben, der mit den menschlichen Fragen nach Woher, Wozu, Wie, Wohin, Sinn und Ziel unseres Lebens in den Blick kommt. Mit Religion ist der Fragehorizont umschrieben. Die Formen der Antwort lassen sich generell nicht mehr beschreiben und bestimmen, denn Religion im Sinn von Antwortpotenzialen, die von Menschen ausgeformt und gelebt werden, ist so vielgestaltig, dass sie sich einer generellen inhaltlichen Definition entzieht. Anders gesagt: Religion gibt es nur in der konkreten Gestalt von einzelnen Religionen. Wer selbst in keine konkrete Religion eingebunden ist, wird sie nur aus einer selbst gewählten Außenperspektive wahrnehmen können.

1.2 Ausformungen von Religion

1.2.1 Religion äußert sich konkret

Religion setzt ein menschliches Wesen voraus, das sich seiner selbst und seines Seins in der Welt bewusst ist und auch weiß, dass es sterben wird. Das wiederum hängt von einem gewissen Niveau von sprachlichen Fähigkeiten ab. Wir wissen nicht, wann dieses Niveau in der Entwicklungsgeschichte des Menschen erreicht war. Wir wissen aber, dass sich Bewusstsein in Verhalten äußert. Es gibt Vermutungen, aber keine eindeutigen Beweise dafür, dass die Körperbemalung mit Pigmenten, die man bei 400 000 Jahre alten Skelettfunden festgestellt hat, auf religiöse Rituale hinweisen. Die Grabfunde ab 100 000 v. Chr., die auf bestimmte Bestattungsformen hinweisen, sind bereits eindeutige Zeugnisse religiösen Bewusstseins, auch wenn wir die Einzelheiten nicht zuverlässig deuten können. Bestattung Verstorbener in Ost-West-Richtung, in Hockstellung, mit Grabbeigaben und unter Hügeln zeigen uns, dass der Tod als Zäsur erfasst und mit Gedanken über ein Danach verbunden wurde.

1.2.2 Religion äußert sich als Bewusstsein einer Gemeinschaft

Die regionale Einheitlichkeit von Bestattungsriten weist darauf hin, dass Religion nie die Sache Einzelner war, sondern sich von Beginn an als kollektives Bewusstsein von Gemeinschaften artikulierte. Daraus folgt: Es gibt *die* Religion genauso wenig wie es *den* Menschen gibt. Religion gibt es nicht abstrakt, sondern nur in Gestalt konkreter Ausformungen durch Gemeinschaften, Verbände, Stämme, Völker.

Das Bewusstsein des Menschen, in ein Größeres eingebunden zu sein, nennt der Philosoph Karl Jaspers zutreffend »das Umgreifende«. Religion als Verhältnis zu diesem Umgreifenden und für uns nicht Verfügbaren nimmt in jener Lebenswelt konkrete Gestalt an, in der sich eine Menschengruppe vorfindet. Jäger und Sammler sehen sich Mächten, Geistern oder Herren des Waldes gegenüber und erleben sich als von ihnen abhängig. Für Hirtenkulturen sind die Weiden und damit der Regen des Himmels für das Überleben wesentlich. Für sie ist der Himmel das Umgreifende. In agrarischen Kulturen begegnet jenes umfassend Größere dem Menschen in der Fruchtbarkeit der Mutter Erde, und der Regen des Himmels tritt als das männliche Prinzip hinzu.

1.2.3 Die Naturreligionen

Wir nennen die frühen Religionen mangels eines treffenderen Ausdrucks »Naturreligionen«. Sie haben noch keine heiligen Schriften, noch keine Berufspriester, sondern nur ein gemeinsames Verständnis ihrer Welt und jener Mächte, denen sie sich innerhalb der Gegebenheiten ihrer Lebenswelt gegenüber sehen. Diese Potenzen können als unpersönliche Kräfte, als Geister oder später auch als personifizierte Gestalten bis hin zu überirdischen Göttern erlebt werden. Zu ihnen setzt sich die Gemeinschaft mit Ritualen in ein Verhältnis und in eine Verbindung, die auf Zusammenarbeit angelegt ist. Dabei spielen magische Praktiken und Opfer eine Rolle, mit deren Hilfe man auf diese Mächte einzuwirken versucht. Praktiken der Magie und des Opfers sind in subtilen Formen auch in heutigen Religionen gegenwärtig.

Der Umgang mit den unverfügbaren Bedingungen unserer menschlichen Existenz und deren Sinndeutung umschreibt von Anfang an die bleibende Basis von Religion. In den vorhistorischen Religionsformen und in den noch existierenden Naturreligionen bilden Natur und Religion eine untrennbare Einheit.

1.2.4 Die regionalen Hochreligionen

Die Religionen, die sich in unserem Kulturkreis seit 3000 v. Chr. in Vorderasien (bei Sumerern, Babyloniern, Assyrern, Hetitern, Kanaanitern u. a.) herauszubilden beginnen, nennen wir Hochreligionen, weil sie den nun entstehenden Hochkulturen entsprechen. Diese ältesten Hochkulturen entwickeln eigene Schriftsysteme und Staatsgebilde mit Herrschaftshierarchien und mit arbeitsteiliger Organisation. Das jeweilige religiöse Selbstverständnis bleibt das Dach und der Horizont, in deren Bereich sich die regionale Kultur differenziert und entwickelt. In den Hochreligionen werden die Gottheiten regional und ortsgebunden verstanden. Wir sprechen daher von »regionalen Hochreligionen«.

1.2.5 Die Blickrichtung der Menschen ändert sich

In den entstehenden Stadtkulturen sehen sich die Menschen nicht mehr als Jäger, Sammler, Hirten oder Ackerbauer der Natur voll ausgesetzt. Ihr Blick richtet sich also nicht mehr allein auf die vegetativen Mächte der Wälder, der fruchtbaren Erde und des fruchtbringenden Regens. Indem der Mensch sich seine städtische Welt baut, in der ein Herrscher die Richtung und Ordnung vorgibt, richtet sich sein Blick über diese irdische Spitze hinaus nach oben zum Himmel. Das unverfügbare Andere sieht man nicht mehr in dieser Welt angesiedelt, sondern über dieser Erde im oder über dem Himmel, in einem Bereich, der uns unzugänglich ist. Dieses »über der Erde« bedeutet noch nicht »außerhalb«.

An die Stelle der vegetativen Mächte treten astrale Gottheiten (Gestirnsgottheiten), Götter, die im Himmel wohnen. Im mesopotamischen Raum wird bereits im 4. Jahrtausend v. Chr. ein Himmelsgott Anu verehrt. Die nahen, weiblich-mütterlichen Erdgottheiten, die irdische Geborgenheit geben, werden von fernen, Ordnung fordernden männlichen Gottheiten abgelöst. Auch die Stämme Israels, die um 1000 v. Chr. in Kanaan zu einem Volk zusammenwachsen, befinden sich in diesem Umbruchprozess.

1.2.6 Der Schritt zu den universalen Religionen

Seit der Mitte des 1. Jahrtausends v. Chr. bilden sich nahezu zeitgleich in den damaligen kulturell aktiven Zentren der Welt Religionen, die ihre regionalen Bindungen hinter sich lassen und universalen Charakter annehmen. Sie gehen zwar aus regionalen Hochreligionen hervor, streifen aber das regional Bedingte so weit ab, dass sie als Systeme des Weltverstehens, der Sinndeutung und des Handelns grundsätzlich für Menschen jedweder Kultur und Herkunft zugänglich werden. Religion wird damit zu einer eigenständigen Realität, die in jede Kultur hineinwirken kann. Zu jenen universalen Religionen zählen neben dem monotheistischen Judentum, aus dem Christentum und Islam hervorgegangen sind, auch der Buddhismus, der Konfuzianismus, der Taoismus und der indische Hinduismus.

1.2.7 Was mit »Religion« gemeint sein kann

Viele Gespräche über Religion enden in sinnlosen Streitereien, weil nicht geklärt wird, was die Gesprächsteilnehmer unter »Religion« verstehen. Das Wort »Religion« ist nun einmal ein vielschichtiger Sammelbegriff, der Unterschiedliches bezeichnen kann. Er kann bedeuten:

- Das konkrete Sinnkonzept einer Gemeinschaft (Weltverständnis der Jäger, Sammler ...).
- Das organisierte Gefüge einer Kultgemeinschaft mit ihren Mythen und Ritualen (hellenistische Kulte aller Art).
- Eine organisierte Glaubens- oder Bekenntnisgemeinschaft (christliche Kirchen).
- Ein Weltanschauungskonstrukt (Ideologie oder Organisation wie z. B. Scientology Church).
- Eine esoterische Gruppe.
- Von »Religion« ist zu unterscheiden die »Religiosität« des Einzelnen.

Es empfiehlt sich, gemeinsam vorab zu klären, wovon man reden will!

1.3 Judentum, Christentum und Islam als Universalreligionen

1.3.1 Das Judentum

Die Universalreligionen, die man auch »Weltreligionen« nennen kann, sind weltweit um die Mitte des ersten Jahrtausends v. Chr. entstanden. Die ursprüngliche Universalreligion, die für Europa prägend geworden ist, ist das monotheistische Judentum. Dieses Judentum ist freilich eine Religion der Juden geblieben und dadurch zur Weltreligion geworden, dass jüdische Menschen und jüdische Gemeinden in aller Welt und in vielen Kulturen anzutreffen sind. Ihre Zahl liegt derzeit bei etwa 18 Millionen, das sind 0,4 Prozent der Erdbevölkerung.

Nach jüdischem Selbstverständnis und Gesetz gilt als Jude, wer eine jüdische Mutter hat. Das Judesein ist also in erster Linie eine Frage der physischen Abstammung und erst danach ein Tatbestand religiöser Überzeugung. (Der Staat Israel hat in einem Rückkehrergesetz definiert, dass als Jude jeder Mensch gelte, »der von einer jüdischen Mutter geboren wurde oder sich zum Judentum bekehrt hat und nicht Mitglied einer anderen Religionsgemeinschaft ist«.) Es gibt auch einen Beitritt zum Judentum als Religion. Der aber ist kompliziert, und die jüdische Religionsgemeinschaft ist daran wenig interessiert. Das Judentum kann zwar weltweit und in allen Kulturen gelebt werden, bleibt aber im Wesentlichen auf Menschen jüdischer Abstammung beschränkt. Dennoch ist die jüdische Religion die Mutter der Universalreligionen Christentum und Islam. Das hängt vor allem mit ihrem Gottesverständnis zusammen.

1.3.2 Das frühe Gottesverständnis der Israeliten

Die Stämme Israels haben sich erst in Kanaan zum Volk Israel zusammengefunden. Diese Stämme lebten davor als Nomaden oder Halbnomaden, jedenfalls ohne Verankerung an einem festen Ort. Sesshafte Gruppen verehren Gottheiten der Erde und des Himmels, von denen sie Fruchtbarkeit der Felder und der Herden erwarten. In Kanaan ist El das Haupt der Gottheiten. Seine Gattin, die Göttin Ashera, gebiert ihm 70 Gottheiten und verkörpert das Prinzip des Gebärens. Baal war eine der männlichen Hauptgottheiten der Kanaaniter. Er zeigt sich im Donner und sendet den Regen. Anath, Gefährtin des Baal, ist Fruchtbarkeits- und Liebesgöttin. Die Vegetationsgöttin Astarte personifiziert die fruchtbringende Erde. Diese Gottheiten werden an uralten Kultstätten verehrt.

Nomadische Stämme haben keine ortsgebundenen Naturgottheiten. So hatten die nomadischen Stämme Israels, die kein Land besaßen, wohl auch keine Heiligtümer, in denen sie ihre Götter in Bildgestalt darstellen konnten. Nomaden haben Götter, die mit ihnen gehen, die ortlos sind, die ihnen auf ihren Wegen nahe sind und die der Gemeinschaft Schutz gewähren.

Wir wissen nicht, welche der israelitischen Gruppen den Gott *Jahwe* in den Stämmeverband Israels eingebracht hat. Wir wissen lediglich, dass Jahwe nach der Landnahme zum Gott aller Stämme geworden ist, zu dem sich alle Israeliten um 1000 v. Chr. bekennen. Wahrscheinlich gab es im Land mehrere Jahwe-Heiligtümer. Daneben verehrten die nun sesshaften Israeliten wohl auch andere Götter und Göttinnen der Ureinwohner, die sie nun für ihre Felder und Herden brauchten. Dabei wird Jahwe vielfach mit Baal gleichgesetzt worden sein. Die Propheten haben immer wieder vor diesen anderen Göttern gewarnt. Dem ist zu entnehmen, dass in der Volksfrömmigkeit der Israeliten bis zum Exil (587–539) viele Götter verehrt worden sind, also Israels Volksreligion bis dahin polytheistisch war.

Was nun Jahwe betraf, so galt er als der Gott Israels, wie eben Baal der Gott der Kanaaniter war. Offiziell hatte Israel nur diesen einen Gott Jahwe. Als ihr Stammesgott war er einer unter vielen anderen Göttern der anderen Völker, deren Macht man nicht in Frage stellte. Dieses Gottesverständnis wird »Henotheismus« genannt.

1.3.3 Der Schritt zum Monotheismus

Der große und entscheidende Umbruch im Gottesverständnis ereignete sich in der Zeit des Exils und danach. Das ist den Texten der großen Propheten zu entnehmen. Jeremia und Ezechiel, die zu den Deportierten gehörten, versicherten ihren Leidensgenossen, dass Jahwe nicht in Israel geblieben, sondern auch in ihrem babylonischen Exil gegenwärtig und am Werk war.

Das neue Gottesverständnis formuliert ein Prophet, den wir den Zweiten Jesaja (Deuterojesaja) nennen und der seine Stimme erhebt, als die Perser 539 v. Chr. die Babylonier besiegen und das Exil der Juden beenden. Dieser Zweite Jesaja sagt, dass Jahwe der Gott nicht nur Israels, sondern der Gott aller Völker ist. Er hat bereits die Babylonier aufgeboten, um Israel für seinen Abfall zu anderen Göttern zu strafen, und er hat auch die Perser mit einer historischen Rolle beauftragt. Jahwe erweist sich so als der Gott aller Völker. Er ist der einzige Gott. Die anderen Götter sind neben ihm reine »Nichtse«, nichtige Götzen.

Dieser eine und einzige Gott, der jetzt auch keinen Namen mehr braucht, wohnt nicht mehr in Kultstätten, sondern er ist jenseits von allem, was wir »Welt« nennen. Er ist überhaupt nicht mehr Teil dieser Welt, sondern steht ihr gegenüber. Deshalb ist er seinem Wesen nach unzugänglich, verborgen, anders, für Menschen nicht verfügbar und auch nicht sichtbar. Der große jüdische Religionsphilosoph Philo von Alexandrien (ca. 13 v. Chr. bis 40 n. Chr.), ein Zeitgenosse Jesu, hat sogar gesagt, Gott sei in seinem innersten Wesen eigenschaftslos, leidlos, unbeschreibbar. In Exodus 3,14 lautet die Selbstbezeichnung Gottes: »Ich bin der (unveränderlich) Seiende«. Von diesem Gott, der zu jeder Zeit als der Helfende und Barmherzige da und nahe ist, wissen sich die gläubigen Juden durch die Höhen und Tiefen der Geschichte begleitet. Er wird von jüdischen Glaubenden als personales Subjekt und als Gegenüber erfahren.

1.3.4 Das Christentum

Jesus lebt und handelt aus diesem jüdischen Gottesverständnis und er verkündet durch sein Handeln und durch seine Gleichnisse, Wunder und Worte, dass die Herrschaft dieses Gottes nahe ist, ja, dass sie bereits jetzt anbricht, und zwar über die Grenzen des Judentums hinaus für alle Menschen. Der personal verstandene jüdische Monotheismus Jesu wird von der christlichen Theologie später zum trinitarischen Gottesverständnis ausgebaut, in das Jesus und der Geist einbezogen sind. Der personale Monotheismus, der alle Völker umgreift, wird darin gegen viele Missdeutungen streng festgehalten.

1.3.5 Der Islam

Der Islam fasst sein Gottesverständnis, das er dem Judentum und dem Christentum entnimmt, in dem Satz zusammen: »Es gibt keinen Gott außer Gott«. In Sure 112 wird der islamische Monotheismus gegenüber dem Polytheismus und gegenüber einem nicht verstandenen Trinitätsglauben abgegrenzt.

1.3.6 Monotheismus und Universalreligion

Der Monotheismus sprengt alle regionalen und kulturellen Begrenzungen und bildet eine Basis für die Universalreligion. Das bedeutet freilich nicht, dass ein personales Gottesverständnis oder überhaupt eine Art von Gottesgedanke die Bedingung für eine Religion oder gar für eine Universalreligion wäre. So ist z. B. der Buddhismus eine nichttheistische Religion, die weder einen Gott noch eine Gottesverehrung kennt.

1.4 Religion und Kultur

1.4.1 Was ist unter »Kultur« zu verstehen?

Seit die Römer das Wort »Kultur« (cultura) erfunden haben, wird darüber gestritten, was darunter zu verstehen ist. In den Streit der Spezialisten müssen wir uns hier nicht einmischen. Für unseren Zusammenhang reicht jene weite Umschreibung, die allgemein anerkannt ist. Danach gilt als Kultur all das, was nicht von Natur aus gegeben ist, sondern durch den Menschen, durch dessen geistige und handwerkliche Fähigkeiten an Welt- und Lebensgestaltung hervorgebracht wird.

Darin sind vier Dinge hervorzuheben:

1. Kultur ist keine Sache des Einzelnen, sondern stets die Gesamtleistung einer Gruppe von Menschen, die in der Lage sind, sich untereinander zu verständigen.

2. Von den frühesten Kulturen an war die Sprache die wesentliche Basis für das Entstehen und den Aufbau einer gemeinsamen Kultur.
3. Kultur ist keine starre Größe. Sie verändert sich mit den Lebensbedingungen und mit den Antworten, die die kulturelle Gemeinschaft auf die jeweils aktuellen Lebensfragen gibt. Kulturen sind historisch sich verändernde Ganzheiten.
4. Es gibt keine gewordene Gemeinschaft ohne Kultur, denn die Kultur macht gerade das Gemeinsame einer menschlichen Gemeinschaft aus.

1.4.2 Die Rolle der Religion in den frühen Kulturen

In der Frühzeit der Menschen und auch in den Naturreligionen bilden Kultur und Religion eine untrennbare Einheit. Wenn Religion die elementaren Sinnfragen des menschlichen Lebens stellt und darauf Antworten gibt, so repräsentiert sie das umgreifende Sinngefüge, von dem her die kulturelle Gemeinschaft ihr Sozialgefüge, ihr soziales Verhalten, ihr Verhältnis zur Natur ordnet und die Richtung ihrer kulturellen Entwicklung steuert.

In den regionalen Hochreligionen ist die Dominanz der Religion zwar noch gegeben, aber Religion und politische Herrschaft beginnen sich bereits als eigenständige kulturelle Bereiche zu profilieren. Herrscher und Priester ergänzen einander und bilden gelegentlich eine Personalunion. Das Irdisch-Weltliche bleibt aber im Nichtirdisch-Göttlichen verankert und auch darauf ausgerichtet. In den meisten islamischen Ländern ist die enge Verbindung von staatlicher Macht und Religion bis heute das Normale.

1.4.3 Religion und Kult

In den alten Kulturen äußert und präsentiert sich Religion öffentlich in der Gestalt von Kult. Das Wort »Kult« ist, wie auch »Kultur«, aus dem lateinischen *colere* hergeleitet und bedeutet »hegen und pflegen«. Im Kult wird der Umgang mit dem Heiligen, den Göttern und dem Göttlichen in geordneter Weise gepflegt und in den Formen der Kultgemeinschaft vollzogen. Der Kult ist eine Art Begegnungs- und Vermittlungsstelle zwischen dem Irdischen und dem Göttlichen. Im Kult verehrt die Gemeinschaft zum einen die göttlichen Mächte, und sie empfängt darin zum anderen auch deren Segen und Bestätigung für ihr irdisches Handeln. Der Kult veranschaulicht und dokumentiert in den alten Kulturen die enge Verbindung zwischen Religion und Kultur. Er ist eine öffentliche Angelegenheit.

Die Nachklänge des Kultischen sind selbst in jenen Gesellschaften gegenwärtig, in denen Staat und Religion als streng getrennt gelten. Synagogen, christliche Kirchen und Moscheen prägen bis heute auch in säkularen Gesellschaften das Ortsbild. Jüdische, christliche und islamische Feste gliedern das säkulare Jahr und sind auch in jenen Ländern und Bevölkerungsschichten prägend gegenwärtig, in denen der Kontakt zu den religiösen Inhalten dieser Feste längst verlorengegangen ist. Weihnachten, Ostern und Pfingsten sind bei uns weithin von Inhalten überlagert worden, die mit ihren Ursprüngen nur noch wenig zu tun haben. Der säkulare Staat entwickelt für seine eigenen Anlässe der Repräsentation religionsartige Kultformen. Denken wir nur an die protokollarischen Riten beim Empfang von Staatsgästen und an die militärischen Zeremonien bei Paraden, Gedenkformen, Vereidigungen.

1.5 Religion und Staat

1.5.1 Die Alte Welt

Die Griechen hatten noch keine Bezeichnung für das, was wir »Religion« nennen. Sie trennten nicht zwischen einem sakralen und einem profanen Bereich, weil für sie noch alles Geschehen Anteil am Göttlichen hatte. Staatliches Handeln und religiöser Kult bildeten eine Einheit, die im Kult zum Ausdruck kam. Im Alten Orient und auch im Alten Israel waren die Könige sakrale Gestalten. In Rom nahm Cäsar den sakralen Titel Pontifex Maximus für sich in Anspruch, das taten bis auf Gratian (375–383) auch die nachfolgenden römischen Kaiser. Im 5. Jahrhundert zog dann der römische Bischof in der Folge des Untergangs des römischen Reiches den Titel Pontifex Maximus an sich.

1.5.2 Die Einheit von Kirche und Staat bis ins 19. Jahrhundert

Die ersten Christengenerationen haben keinen neuen Kult eröffnet, denn sie erwarteten das Reich Gottes. Mit der staatlichen Macht setzten sie sich kaum auseinander. Als Anhänger einer nicht erlaubten Religion verhielten sich die Christen möglichst unauffällig und gegenüber der Staatsmacht loyal. Für sie galt: »Gebt dem Kaiser, was des Kaisers ist, und Gott, was Gottes ist« (Mk 12,17).

Kaiser Konstantin I. erhob mit dem Toleranzedikt von 313 das Christentum zur anerkannten Religion im römischen Reich. Kaiser Theodosius I. machte das Christentum 380 zur Staatsreligion. Kaiser Justinian I. (um 485 bis 565) verband Kirche und Staat zu einer Theokratie, die vom Kaiser geleitet wurde. In den orthodoxen Kirchen, besonders in Russland, ist das bis heute die Idealvorstellung.

Im Westen entwickelte sich seit Augustinus († 430) ein anderes Verhältnis der christlichen Kirche zum Staat, nämlich ein spannungsvolles Miteinander, Ineinander und Gegeneinander von kirchlicher und weltlicher Herrschaft. Papst Gelasius I. (492–496) postulierte die Zwei-Schwerter-Theorie. Danach ist die Kirche von der politischen Macht unabhängig. Zu Beginn des 2. Jahrtausends beanspruchte die Kirche den Vorrang vor der weltlichen Macht. Papst Gregor VII. erklärte im »Dictatus Papae« 1075 den Papst zum obersten Herrn der gesamten Erde. Papst Bonifatius VIII. geht noch weiter. In der Bulle »Unam sanctam« von 1302 stellt er fest, dass die geistliche Macht jede irdische Macht überragt, und dass es für jedes menschliche Geschöpf heilsnotwendig sei, dem römischen Bischof unterworfen zu sein. Damit war der Bogen überspannt. Bereits 1309 gerieten die Päpste durch die französischen Könige in die »babylonische Gefangenschaft« von Avignon. Es gab jetzt zwei, später sogar drei Päpste nebeneinander, die einander und ihre Anhänger gegenseitig exkommunizierten. Für Jahrzehnte war die gesamte Christenheit exkommuniziert. Dieses abendländische Schisma wurde erst 1415 durch das Konzil von Konstanz beendet.

Durch die Reformation entstand eine neue Gesamtlage. Die Vorstellung von einem umfassenden christlichen Reich löste sich auf. Es bildeten sich souveräne nationale Territorialstaaten, die zunächst konfessionell geschlossen blieben, entweder römisch-katholisch oder protestantisch. Seit 1555 (Augsburger Religionsfriede) galt der Grundsatz: »*cuius regio, eius religio*«/der Herrscher bestimmt die Religion in seinem Herrschaftsbereich. Erst im Westfälischen Religionsfrieden, der den Dreißigjährigen Krieg beendete, wurde 1648 bestimmt, dass bei einem Konfessionswechsel des Landesherrn die Untertanen ihre Konfession behalten konnten. Das war ein wesentlicher Schritt auf dem beschwerlichen Weg zur Religionsfreiheit. Die Kirchen blieben allerdings weiterhin unter der Aufsicht der Landesherren. Die Glaubensfreiheit des Einzelnen kam in Deutschland erst durch die Französische Revolution von 1789 in Sicht und durch die Säkularisierung infolge des Reichsdeputationshauptschlusses von 1803. Jetzt erst erhielten die Kirchen größere Eigenständigkeit, freilich noch nicht die volle Souveränität.

Das Ende des landesherrlichen Kirchenregiments brachte erst das Ende des Ersten Weltkriegs mit dem Ende der Monarchien im Jahre 1918. Kirche und Staat mussten sich jetzt ganz neu definieren, und sie mussten auch ein neues Verhältnis zueinander finden.

1.5.3 Die Trennung von Kirche und Staat

1918 wurde ein Prozess abgeschlossen, der durch die Reformation eingeleitet worden war. Die Reformatoren haben den weltlichen Charakter der Welt betont. Ein Beispiel ist Luthers Wort zur Ehe. Er sagt: »Die Ehe ist ein weltlich Ding.« Die Naturwissenschaften begannen, die Welt »ohne die Hypothese Gott« zu verstehen. Auch die Lebensbereiche Wirtschaft, Politik, Medizin, Kunst u. a. lösten sich aus der Bevormundung durch die Religion.

Mit der Trennung von Staat und Kirche waren auch Religion und Staat als eigenständige Größen erkannt und anerkannt. Seither gibt es kein kirchliches Monopol mehr, die weltlichen Bereiche aus kirchlich-theologischer Perspektive zu deuten. Der Staat sieht sich als Organisation und in seinem Machtmonopol nicht mehr durch sakrale Quellen oder durch die Kirche legitimiert, sondern allein durch die Zustimmung seiner Bürger. Als den Bereich seiner Verantwortung betrachtet er nicht mehr Sittlichkeit, Moral oder Ordnung der Wahrheit, sondern den Rechtsfrieden und die Sicherheit für alle Bürger. Der säkulare Staat versteht sich religiös neutral und beschränkt sich auf innerweltliche Staatszwecke. Theokratische Elemente sind damit ausgeschlossen.

1.5.4 Persönliche Verantwortung ist jetzt gefordert

Die Trennung von Kirche und säkularem Staat hat im öffentlichen Bewusstsein dazu geführt, dass Religion als Privatsache des Einzelnen zu verstehen ist und dass sie im öffentlichen Leben nichts zu suchen hat. Wenn es um die Gestaltung unserer Gesellschaft und um die Klärung ethischer Werte geht, werden die Kirchen als Organisationen zwar noch gehört, aber eine verbriefte Mitsprache haben nur noch die einzelnen

Christen als Bürger des Staates. Die offizielle gesellschaftliche Mitsprache ist von den Kirchen auf den einzelnen Christen übergegangen. Das Christsein in unserer Welt hat mit der Privatisierung der Religion eine politische Dimension erhalten, die der Einzelne bis 1918 so nicht wahrzunehmen hatte. Diese, jedem Einzelnen zugefallene Mitverantwortung für die soziale, wirtschaftliche, politische und kulturelle Gestalt unseres Gemeinwesens und der Werte, die darin gelten sollen, kann niemand mehr an »die Kirche« delegieren. Die Verantwortung für die Gestalt unseres Gemeinwesens und seiner Werte muss jetzt jeder unvertretbar persönlich wahrnehmen. Das ist noch nicht voll im Bewusstsein der Christen. Es gilt jetzt ohne Abstriche das Wort Jesu: »Wie mich der Vater gesandt hat, so sende ich euch« (Joh 20,21). Es genügt nicht mehr, sich um das eigene Seelenheil zu kümmern. Die christliche Botschaft bedeutet: Mitgestaltung unserer Welt aus dem Geist der Liebe.

2 Basis und Bedingungen unseres Redens von Gott und Glauben

Über Gott und Glauben kann und darf jeder reden, wie er will. Soll aber der Inhalt dieses Redens überprüfbar sein, so muss geklärt werden, wovon wir reden und wie das geschehen kann. Nur wenn der Forschungsbereich, die Vorgaben und die Methoden offengelegt werden, kann der Leser den Gehalt religiöser Texte einschätzen und sich mit ihnen auseinandersetzen.

Die folgenden Ausführungen sind nicht als subjektive Meinungen des Verfassers zu verstehen, sondern als Aussagen, die sich auf einen breiten wissenschaftlichen Konsens stützen. Da sehr unterschiedliche Vorstellungen darüber bestehen, was als »wissenschaftlich« gelten kann, muss auch dies vorab geklärt werden, und zwar schon deshalb, weil das Vorurteil besteht, Religion und Wissenschaft seien miteinander nicht vereinbar.

2.1 Theologie

2.1.1 Was heißt »Theologie«?

Das Wort »Theologie« ist abgeleitet von dem griechischen Wort *theós*/Gott und *lógos*/Wort. Es bezieht sich generell auf Religionen, in denen eine Gottesvorstellung existiert. Theologie ist die denkerisch verantwortete und geordnete Rede von Gott und dem Göttlichen. In diesem *weitesten* Sinn finden wir theologische Aussagen auch bei Philosophen, in deren Systemen das Göttliche eine Rolle spielt.

Im *engeren* Sinn bezeichnet Theologie die denkerisch verantwortete und systematisch geordnete Rede von jener Gotteswirklichkeit und Glaubenswelt, die von einer bestimmten Religion (Judentum, Christentum, Islam, Hinduismus u. a.)

repräsentiert und vergegenwärtigt wird. Jüdische, christliche und islamische Theologie reflektiert die Gotteswirklichkeit der jeweiligen Religion im Blick auf alle menschlichen Lebensbereiche (Natur, Kultur, Wirtschaft, Politik, Geschichte, Familie, menschliches Handeln).

Die *christliche* Theologie reflektiert entsprechend jene Gotteswirklichkeit, die durch Jesus von Nazaret in den Blick gekommen ist und die sich geschichtlich in Kirchen ausgeformt hat und im Bewusstsein der Christen existiert. Sie erforscht das geschichtliche Werden und Wachsen der christlichen Gemeinden und Kirchen, ihre verschiedenartigen geistigen Konzepte und ihre Einbindung in die jeweiligen Kulturen, geistigen Strömungen und politischen Konstellationen. Sie bedenkt die Konsequenzen der Christusbotschaft für alle Felder und Bereiche des menschlichen, kulturellen und gesellschaftlichen Lebens.

2.1.2 Das Selbstverständnis der Theologie

Mit dem christlichen Glauben kann man sich auf verschiedene Weisen befassen, und zwar aus der Außenperspektive und aus der Innenperspektive. Die Religionswissenschaften betrachten Religion und christlichen Glauben aus der *Außenperspektive*. Das tun sie unter verschiedenen Hinsichten und mit verschiedenen Schwerpunkten.

– Die Religionsethnologie forscht aus der Sicht der Völkerkunde.
– Die Religionsethologie betrachtet das Frömmigkeitsverhalten.
– Die Religionsgeschichte ordnet Religion in die geschichtlichen Prozesse ein.
– Die Religionsphänomenologie konzentriert sich auf religiöse Erscheinungsformen.
– Die Religionspsychologie interessiert sich für das seelische Geschehen.

– Die Religionsphilosophie setzt die Religion ins Verhältnis zu philosophischen Fragestellungen und Positionen.
– Die Religionssoziologie ordnet Religion den gesellschaftlichen Prozessen und Erscheinungen zu.

Theologie reflektiert die eigene Religion aus der *Innenperspektive*. Sie steht ihrem »Gegenstand« nicht distanziert und unbeteiligt gegenüber, sondern sie formuliert und argumentiert aus der Sicht und der Logik der eigenen Glaubensbasis. Das bedeutet nicht, dass die Theologie das jeweils geltende Glaubenssystem der eigenen Kirche legitimiert und verteidigt. Auch die römisch-katholischen Theologen sagen klar: »Bleibender Grund und Gegenstand christlicher Theologie ist das Erinnern, Bezeugen und Bedenken des Ereignisses Jesus Christus« (H. Häring/K.-J. Kuschel) und was daraus folgt.

Indem die christliche Theologie den Urgrund des christlichen Glaubens als den Prüfstein und Maßstab ihrer Arbeit versteht, definiert sie sich selbstkritisch gegenüber ihren eigenen Konzepten und auch kritisch gegenüber allen historischen und aktuellen Erscheinungen von Frömmigkeit, Religiosität und Kirche. Sie sieht ihre Aufgabe darin, alle Erscheinungsformen des christlichen Glaubens mit ihrem Urgrund in Jesus von Nazaret zu konfrontieren und sie daran zu messen.

2.1.3 Theologie und kirchliche Lehre

Die römisch-katholische Kirche hat im Zweiten Vatikanischen Konzil 1965 festgelegt, wer die Normen des Glaubens setzt und welche Rolle die Theologie zu spielen hat: »Die Aufgabe aber, das geschriebene oder überlieferte Wort Gottes verbindlich zu erklären, ist nur dem lebendigen Lehramt der Kirche anvertraut, dessen Vollmacht im Namen Jesu Christi ausgeübt wird.« (DV 10) Die Arbeit der Theologen wird auf die Funktion festgelegt, das, was das päpstliche Lehramt zu glauben vorlegt, im Sinne dieses Lehramtes zu erklären und zu vermitteln. Alle in der römisch-katholischen Kirche Lehrenden müssen sich dazu mit einem Treueid verpflichten. Der katholische Theologe G. Hasenhüttl sieht dadurch alle Lehrenden zu »Vollzugsbeamten des Papstes« gemacht und widerspricht vehement diesem Verständnis von Theologie.

In ihrem Selbstverständnis versteht sich eine freie christliche Theologie ganz und gar nicht als Magd, die für die kirchliche Lehre Zubringer und Vermittlerdienste zu leisten hat. Theologie orientiert sich bleibend an jener Wirklichkeit, die uns durch Jesus von Nazaret eröffnet wurde. Sie ist das Forum, in welchem die Fragen des christlichen Glaubens und der Gestalt und Funktion von Kirche im Lichte der Botschaft Jesu öffentlich verhandelt und für die Gegenwart bedacht und verantwortet werden. In diesem Sinne ist Theologie ein notwendiges kritisches Gegenüber zur Kirche und ihren Lehren. Sie hilft, dass Kirche und christlicher Glaube bei ihrem Grund und bei ihrer Sache bleiben.

2.1.4 Theologie und Glaube

Nach römisch-katholischer Lehre ist »Glaube theologisch eine auf innerer Sicherheit beruhende absolute Zustimmung«, und zwar »vor allem ein Akt des zustimmenden Verstandes« zu den Lehren der Kirche. Der Katholische Weltkatechismus sagt: Der Glaube ist »freie Zustimmung zu der ganzen von Gott geoffenbarten Wahrheit, wie sie von der Kirche in ihren Lehren vorgelegt wird«. Hier steht das Fürwahrhalten der richtigen Erkenntnis im Vordergrund.

Nach reformatorischem Verständnis ist Glaube in erster Linie ein Akt des Vertrauens. Luther formuliert im »Großen Katechismus« generell: »Woran du dein Herz hängst, und worauf du dich verlässt, das ist eigentlich dein Gott.« Ein Vertrauensakt ist allemal ein Wagnis, weil sich erst im Wagnis zeigt, ob jenes Gegenüber, auf das ich vertraue, mein Vertrauen rechtfertigt und sich als tragfähig erweist.

Christliche Theologie hat immer wieder herauszuarbeiten, was der Vertrauensgrund für den christlichen Glauben ist. Sie verdeutlicht, dass Glaubenswissen oder Fürwahrhalten von Lehren noch kein Glaube ist, weil ein Christ nicht an Glaubensvorstellungen einer Kirche glaubt, sondern sich jener Wirklichkeit anvertraut, die in Jesus von Nazaret als Liebe offenbar geworden ist und die damit seinem Leben einen neuen Horizont eröffnet.

2.1.5 Theologie und Frömmigkeit

Unter Frömmigkeit verstehen wir den Ausdruck der subjektiven Seite des Glaubens. Frömmigkeit ist das Verhalten, das aus dem jeweiligen Glauben hervorgeht. Dieses Verhalten weist auf den Glaubensgrund zurück. So weist z. B. eine *Observanz-Frömmigkeit* darauf hin, dass der Gläubige sich von einer göttlichen Macht abhängig weiß, die von ihm vor allem bestimmte moralische und rituelle Verhaltensweisen und Handlungen verlangt. Die *Kultus-Frömmigkeit* weist auf einen Gott hin, der vor allem Verehrung verlangt. Die *Werk-Frömmigkeit* setzt darauf, dass man sich durch gute Taten vor Gott ausweisen und sein Heil verdienen kann. Die *Askese-Frömmigkeit* z. B. des Mönchtums ist eine spezielle Form der Werk-Frömmigkeit. Die *mystische Frömmigkeit* strebt durch Versenkung bis hin zur Ekstase eine Vereinigung mit Gott an. Die *Verstandes-Frömmigkeit* meint, dass Gott das Fürwahrhalten der richtigen Lehren über ihn verlangt.

Die Theologie hat nicht die Aufgabe, den oder jenen Frömmigkeitstyp zu rechtfertigen oder zu propagieren. Sie fragt und klärt, in welchem Maße der in den verschiedenen Frömmigkeitsformen gelebte Ausdruck des Glaubens dem christlichen Glaubensgrund entspricht oder ihn verfehlt.

2.1.6 Theologie und Wissenschaft

Was Wissenschaft ist und als wissenschaftlich gelten soll, wird nicht nur in der Geschichte, sondern gegenwärtig auch in den Fachbereichen unterschiedlich definiert. Natürlich ist Theologie nicht in dem Sinne Wissenschaft, wie das die Physik für ihr Fach versteht. Die Physik als die derzeitige Leitwissenschaft der Naturfächer und die Theologie haben unterschiedliche Bereiche des Forschens. Philosophen, Literaturwissenschaftler und andere Kulturwissenschaftler arbeiten ebenfalls nach anderen Methoden, als die Physik das tut.

Die Wissenschaftlichkeit eines Fachbereiches erweist sich nicht an der Vergleichbarkeit und Nähe ihrer Methoden zu denen der Physik. So wird man mit der Messung von Lichtwellen und chemischen Analysen von Farben kaum der Aussage eines Bildes näherkommen können. Für wissenschaftliche Arbeit jeder Art ist entscheidend, dass ihre Methoden jenem Wirklichkeitsbereich angemessen sind, auf den sie sich beziehen. Ihre Aussagen müssen außerdem innerhalb ihres Methodenkanons überprüfbar, d. h. verifizierbar bzw. falsifizierbar sein. Sie müssen ferner im Bereich der Argumentation, im Bereich der Gesetze der Logik nachvollziehbar und widerspruchsfrei sein. Das wiederum setzt klar definierte Begriffe voraus und die Fähigkeit des Systems, sich selbst kritisch zu sehen und zu korrigieren. Theologie muss für ihre Arbeit wie jede andere Wissenschaft in ihrem Forschen frei sein. Nicht alles, was als Theologie angeboten wird, genügt diesen Kriterien.

2.1.7 Theologie und Wahrheit

Nach volkstümlichem Verständnis ist eine Aussage dann wahr, wenn die darin gefasste Erkenntnis mit der objektiven Realität übereinstimmt. Eine solche Wahrheit betrachtet man dann als zeitlos gültig. In etwa diesem Sinn hat bereits der griechische Philosoph Aristoteles (384–322 v. Chr.) Wahrheit definiert. Der Kirchenlehrer Thomas von Aquin (1225–1274) hat dieses Wahrheitsverständnis in die christliche Theologie integriert, und Papst Leo XIII. († 1803) hat es zur römischen Normaltheologie erhoben. Dieses Wahrheitsverständnis beherrscht bis heute die offizielle katholische Kirchenlehre und auch das Denken von Papst Benedikt XVI.

Spätestens Ende des 19. Jahrhunderts haben sich die Geistes- und Naturwissenschaften von dieser metaphysischen Tradition einer erkennbaren absoluten Wahrheit verabschiedet, und zwar endgültig. Der Anspruch ist bescheidener geworden. Heute besteht weithin Übereinstimmung darin, dass sich Wahrheit immer nur auf das System jener Voraussetzungen (Axiome) und Methoden beziehen kann, in welchem Aussagen formuliert werden. Selbst innerhalb der einzelnen wissenschaftlichen Systeme entscheidet noch die Übereinkunft der aktuell Forschenden im hohen Maße darüber, was als Wahrheit gelten soll.

Im Zeitalter des Rationalismus (18. Jahrhundert) konnten noch Theologen aller Konfessionen unangefochten mit dem Anspruch auftreten, zeitlose und absolute Wahrheiten zu formulieren. Seither wurde immer klarer, dass Wahrheit stets in die Denkmuster der Geschichte eingebunden bleibt. Christlicher Glaube wird stets von geschichtlichen Menschen gelebt und auch mit deren Sprache reflektiert und formuliert. Die Theologie hat längst den Anspruch aufgegeben, ewige Wahrheit zu formulieren. Anders gesagt: Theologie lehrt nicht, sondern sie klärt. Ihre Aussagen verstehen sich nicht als objektive Wahrheiten. Sie bewahrheiten sich erst darin, dass sie in der Sprache je ihrer Zeit auf den bleibenden Grund des christlichen Glaubens hinweisen und dadurch den Urgrund für ein gelingendes Leben erschließen, d. h. in die christliche Lebenswahrheit leiten.

2.2 Sprache

Ohne Sprache keine Religion. Religion setzt nicht nur Sprache voraus; ihre Inhalte werden auch durch Sprache konstituiert, und zwar selbst dort, wo es um Gesten, Riten, religiöse Musik oder Bauten geht. Sprache ist wie Religion ein Spezifikum des Menschen und damit stets geschichtlich. Religion und Sprache bedingen einander.

2.2.1 Biologische Tatbestände

Aus biologischer Sicht ist der Mensch keine Neuschöpfung, sondern ein Schritt in einer kontinuierlichen Evolution. Der Mensch teilt mit seinen nächsten Verwandten, den Schimpansen, mehr als 98 Prozent der Gene. Die ersten Wesen, die aufgrund biologischer Merkmale als Menschen bezeichnet werden, sind vor etwa 2 Millionen Jahren nachweisbar. Sie gingen aufrecht, hatten die Hände für Aktivitäten frei und besaßen ein Hirnvolumen, das signifikant über dem des Schimpansen lag. Das Hirnvolumen, von dem das Niveau der Informationsverarbeitung abhängt, ist vom Stadium des Schimpansen bis zum heutigen Menschen um das etwa Dreifache angewachsen. Die Fähigkeit zur Sprache hat ihre biologischen Grundlagen zum größten Teil im Gehirn.

2.2.2 Gehirn und Sprache

Wir wissen heute schon recht zuverlässig, welche Informationskapazität, welche Hirnareale und welche Gegebenheiten im Hals-Rachenraum vorhanden sein müssen, damit menschliche Sprache im heutigen Sinn möglich ist. Diese biologischen Voraussetzungen waren nicht von Beginn an da. Sie sind auch nicht alle gleichzeitig, sondern nacheinander entstanden, wie Fossilien zeigen. Wir wissen freilich nicht, zu welchem Zeitpunkt in der Entwicklungsgeschichte des Menschen menschliche Sprache im vollen Sinn vorhanden war. Der Umgang mit

Feuer, die Funde von Steinwerkzeugen und Schmuck, die Hinweise auf Bestattungsrituale lassen darauf schließen, dass bereits in den Anfängen der Menschheitsgeschichte einfache Formen von menschlicher Verständigung existiert haben. Zwischen der Entwicklung von menschlicher Sprache, und damit von Kultur, und der Zunahme des Hirnvolumens besteht offenbar eine Wechselbeziehung.

2.2.3 Signalsysteme sind noch keine Sprache

Einige Biologen bestehen darauf, bereits den Tieren eine Sprache zuzuschreiben. Zur Klärung dessen, was menschliche Sprache ist und leistet, trägt das wenig bei. Unbestritten ist, dass wir bereits bei niedrigen Tierarten einfache Formen der Kommunikation finden. Denn Leben generell und Zusammenleben ist allemal Kommunikation. Kommunikation über Duftstoffe, über Körperkontakte, über akustische und optische Signale gehört in der Tierwelt zur Normalität. Die Tänze der Bienen, der Gesang der Vögel, das Fauchen, Knurren Bellen und Schnurren von Katzen oder von Hunden ist uns vertraut. Die Tiere haben gattungsspezifische Signalsysteme, die für ihre Lebenswelten zureichend sind. Viele dieser in der Tierwelt zu beobachtenden Signalsysteme benutzen auch wir Menschen bis heute. Damit allein ließe sich zwar das arten- oder gattungsspezifische Leben auf vormenschlicher Stufe erhalten, aber noch keine Kultur gestalten, die mehr ist als pure Natur.

2.2.4 Vom Tiersignal zur Menschensprache

Die Signalsysteme der Tiere dienen im Wesentlichen der Kommunikation im Sinne der Lebenserhaltung des Einzelnen oder der Art. Die Signale drücken Befindlichkeiten aus, teilen also etwas über den Sender mit, oder sie wollen andere Lebewesen zu etwas bewegen: Dort gibt es Futter! Bleib weg! Hier ist mein Revier! Achtung Gefahr! Lass mich in Ruhe! Ich mag dich, und du?

Die tierischen Signale bleiben auf die kommunikative Funktion innerhalb des jeweiligen Beziehungsfeldes beschränkt. Die menschliche Sprache behält diese Funktion bei und baut sie weiter aus. Sie gewinnt aber über die kommunikative Funktion hinaus etwas Neues hinzu, nämlich die *kognitive* Funktion. Gemeint ist damit, dass zwei Individuen in der Lage sind, sich über ein Drittes zu verständigen. Das setzt die Fähigkeit voraus, für Gegebenheiten unserer Weltwahrnehmung sprachliche Symbole (Repräsentanten) zu bilden und uns mittels dieser Symbole über materielle oder geistige »Gegenstände« zu verständigen und unser Verhältnis zur Welt zu artikulieren. Die grundsätzliche, spontane *Symbolfähigkeit* kennzeichnet zusammen mit einer verbesserten Artikulationsfähigkeit die menschliche Sprache gegenüber den tierischen Signalsystemen.

Mit unserer Sprache wird es möglich, die Gegebenheiten der Welt als unser Umfeld zu betrachten, zu erforschen, zu erkennen und unsere Beziehungen darin zum Ausdruck zu bringen. Noch deutlicher: Unsere Sicht und unser Verständnis von Weltwirklichkeit konstituieren wir durch unsere Sprache, wie immer das in der Entwicklung geworden sein mag. Der heutige in Sprache hineingeborene Mensch erfährt Welt so, wie sie ihm durch seine Sprache zugeführt und dargestellt wird.

2.2.5 Die Verschiedenheit der Sprachen

Wenn sich unsere Sicht auf Welt und unser Verständnis von Weltwirklichkeit über Sprache aufbaut, so ist damit schon ausgedrückt, dass unterschiedlich strukturierte Sprachen auch unterschiedliche Strukturen von Weltwirklichkeit vermitteln. Jede Sprache ist wie eine Art Brille, durch die wir unsere Welt anblicken. Wo aber bleibt dann das Objektive? Sind unsere gesunden Sinne nicht die Garanten dafür?

2.3 Unsere Sinne und die Weltwirklichkeit

2.3.1 Unsere Sinne – unterschiedliche Türen zur Welt

Von der uns umgebenden Welt kann ein Lebewesen nur wahrnehmen, was ihm durch seine Sinne zugänglich ist. So existiert für eine Zecke, die weder Augen noch Ohren, sondern nur einen Geruchssinn hat, der auf Buttersäure reagiert, all das nicht, was wir sehen und hören. Aber auch Sehen ist nicht gleich Sehen und Hören nicht gleich Hören. Bienen z. B. haben auch Augen, aber Augen anderer Art, und sie haben andere Farbwahrnehmungen als wir. Fledermäuse haben auch Ohren, aber sie nehmen damit einen anderen Ausschnitt aus dem Bereich der Schallwellen wahr als wir. Jedes Lebewesen nimmt nur den für sein Überleben wichtigen Ausschnitt aus der Fülle von Weltwirklichkeit wahr.

2.3.2 Was uns die Sinne vermitteln

Nach volkstümlicher Überzeugung führen uns unsere Sinne die Welt so zu, wie sie ist: das Auge so, wie eine Kamera das tut, das Ohr so, wie ein Rekorder sie aufnimmt. Die Biologen und Neurologen sagen uns allerdings, dass in unserem Gehirn weder Lichtstrahlen noch Schallwellen ankommen. Vielmehr werden die Lichtwellen in der Netzhaut in elektromagnetische Impulse umgewandelt, und im Ohr werden Schallimpulse in elektrochemische Signale umgewandelt und in das Seh- oder Hörzentrum geleitet. Die Impulse, die im Gehirn ankommen, haben keinerlei Ähnlichkeit mit einem Bild oder einem Klang. Die im Gehirn ankommenden Impulse aus der Umwelt werden hier in Wahrnehmungen umgesetzt, aus denen sich unsere Weltsicht und unser Weltklang aufbauen.

In welcher Weise diese Wahrnehmungen der Realität entsprechen, können wir nicht wissen, da unser Gehirn keinen direkten Zugang zur Realität hat. Da wir nur unsere Wahrnehmungen haben, so halten wir diese für die Seinsweise der von unserem Bewusstsein unabhängigen Welt. Und da die Umwandlungsprozesse der Informationen, die das Gehirn über unsere Sinne erreichen, bei allen Menschen gleichartig sind, so halten wir unsere Wahrnehmungen für die objektive Realität.

2.3.3 Von welcher Wirklichkeit sprechen wir?

Wenn wir die physiologischen Gegebenheiten unseres Erkennens ernst nehmen, so stellt sich heraus, dass unsere Welt weder hell noch dunkel noch farbig ist; sie riecht auch nicht und ist weder hart noch weich, rau oder glatt; sie schmeckt weder salzig noch süß und ist weder laut noch leise, lärmig oder harmonisch. Reden wir über Weltwirklichkeit, so reden wir stets über unsere Wahrnehmungen von Weltwirklichkeit, vermittelt über unsere Sinne oder über unsere Messgeräte. Der Neurowissenschaftler Hoimar von Ditfurth sagte: »Unser Gehirn und unser Wahrnehmungsapparat sind Hypothesen über die Welt.« Der Physiker Werner Heisenberg drückte das für die Naturwissenschaften so aus: »Wenn von einem Naturbild der exakten Naturwissenschaften gesprochen werden kann, so handelt es sich eigentlich nicht mehr um ein Bild der Natur, sondern um ein Bild unserer Beziehungen zur Natur.« Wir werden uns dieser Einsicht stets zu erinnern haben, wenn wir über religiöse Themen und von Gott sprechen.

2.4 Zur Struktur der indoeuropäischen Sprachen

2.4.1 Die Rolle der Sprache für Welterkennen und Religion

Unsere Sprache ist nicht nur ein Medium des Austauschens (Kommunikation), sondern zugleich ein Medium des Erkennens (Kognition). Von der Struktur der Sprache hängt es dann ab, in welchen Bahnen sich unser Wahrnehmen, Erkennen, Gliedern und Strukturieren von Weltwirklichkeit vollziehen und was darin möglich und nicht möglich ist. Da die sprachlichen Ansätze älter als jede Religion sind, wird die sich bildende Religion bereits durch die jeweils vorgegebene Sprachstruktur mitgeprägt.

2.4.2 Charakteristika der indoeuropäischen Sprachen

Der christliche Glaube wurde sprachlich im Bereich der indoeuropäischen Sprachgemeinschaft ausgeformt, und zwar in der östlichen Christenheit im Medium der griechischen Sprache, in der westlichen Christenheit auf der Sprachbasis des Lateinischen.

Die Grundeinheit einer sprachlichen Mitteilung ist der Satz. In den indoeuropäischen Sprachen besteht die Grundform des Satzes aus den Polen Subjekt und Prädikat. Das Subjekt ist stets auf das Prädikat ausgerichtet und das Prädikat weist auf das Subjekt zurück. In dieser zweigliedrigen Grundform des indoeuropäischen Satzes wird also vom Subjekt stets etwas ausgesagt, nämlich:

- als wer oder was das Subjekt existiert/ist (Der Hund ist ein Säugetier.);
- was das Subjekt bewirkt/tut (Der Hund bellt.);
- wie das Subjekt beschaffen ist/was es hat (Der Hund hat ein schwarzes Fell.)

Der Aussagesinn eines Satzes ergibt sich aus der Wortgruppe, die im Prädikat steht:

- A *ist* etwas (Säugetier).
- A *tut* etwas (bellt).
- A *hat* etwas (schwarzes Fell).

Indem wir die Erscheinungen unter diesen sprachlichen Blickwinkeln betrachten, sprechen wir ihnen unterschiedliche Seinsweisen zu. Da unsere Satzstruktur und unsere Wortarten uns diese Sichtweise vorgeben, halten wir sie für die objektiven Strukturen und Seinsweisen der Wirklichkeit an sich. Dieser »Sprachrealismus« ist für die elementaren Überlebensstrategien des Menschen ohne nachteilige Bedeutung. Im Erkenntnisprozess muss hingegen sehr deutlich zwischen dem unterschieden werden, was aus den Erscheinungen selbst hervorgeht, und jenen Perspektiven und Kategorien, die wir durch unsere menschliche Sprache in die Erscheinungen eintragen. Diese notwendige Unterscheidung wird besonders bei der Gottesfrage eine Rolle spielen.

2.4.3 Das Tätersubjekt als sprachliche Setzung

Für unser Themenfeld Religion soll noch ein weiteres Charakteristikum der indoeuropäischen Sprachgemeinschaft herausgehoben werden, das für die sprachliche Gestalt des christlichen Glaubens prägende Kraft hat, nämlich der von unserer Satzstruktur ausgehende Zwang, alles was geschieht, einem Tätersubjekt und dessen Aktivität zuzuordnen. Alles, was geschieht, wird dadurch nach dem Modell menschlichen Handelns interpretiert. Das ist dort angemessen, wo wir von handlungsfähigen Tätern sprechen, wie »Der Hund bellt« oder »Die Schnecke hinterlässt eine Schleimspur«.

Dieses Satzmodell wird schon problematisch, wenn wir sagen: »Die Pflanze sendet einen süßen Duft aus.« Tut sie das wirklich? Und das, was durch Luftbewegung von der Pflanze in unsere Nase gelangt, mag auf andere Lebewesen gar nicht süß, sondern abstoßend wirken, so wie auch die gleiche Substanz für den Mistkäfer attraktiv und für uns ekelhaft ist.

Wie fragwürdig ein Satzmodell ist, das jedes Geschehen auf ein Tätersubjekt zurückführt, zeigt uns der Satz: »Der Mond scheint.« Physikalisch gesehen tut der Mond gar nichts. Der Beobachter, dessen Erdenstandort gerade kein Sonnenlicht empfängt, sieht lediglich den von der Sonne bestrahlten Teil unseres Erdtrabanten, er sieht reflektiertes Licht. Oder wie steht es mit dem Tätersubjekt in dem Satz: »Der Wind weht«? Hier ist – durch unser Satzmodell erzwungen – aus dem Vorgang des Wehens ein Tätersubjekt gemacht worden, nämlich »der Wind«, der nichts anderes als »wehen« bedeutet. In der gleichen Weise weht auch der Heilige Geist, wo er will.

Der in unserer Sprache korrekte Satz erschafft noch keine Realitäten, er erschafft aber gelegentlich fiktive Tätersubjekte. So z. B. wenn wir sagen müssen: »Es regnet, weht, blitzt.« Für dieses unbekannte Tätersubjekt ist dann je nach Kultur bald ein identifizierbarer Täter gefunden: ein böser Dämon, eine zornige Gottheit oder gar ein strafender Gott. Und ist es eine Macht, auf die man durch Kult oder Gebete meint einwirken zu können, so bittet man diesen Wettergott, das eigene Haus vor Blitzschlag zu verschonen. Der bereits 1752 erfundene Blitzableiter hat im religiösen Denken am Modell eines Blitze schleudernden Tätersubjekts wenig geändert, obwohl er den Blitz als die natürliche Funkenentladung zwischen unterschiedlich geladenen elektrischen Potenzialen erwiesen und ihm damit seine vermeintlich göttliche Herkunft und seine Gefährlichkeit genommen hat.

2.4.4 Andere Sprachstrukturen

Der Subjektzwang der indoeuropäischen Sprachen ist kein universales Naturgesetz aller Sprachen. Viele Sprachen (das Chinesische, Japanische, einige Kaukasussprachen und Indianersprachen) kennen den Zwang nicht, jeden Vorgang auf ein Tätersubjekt zurückzuführen. Sie können Erscheinungen einfach benennen als etwas, das geschieht (regnen, blitzen, wehen, scheinen u. a.). Diese Sprachen nötigen auch nicht dazu, alles, was ist und geschieht, auf eine Letztursache zu beziehen oder daraus herzuleiten. Das hat Konsequenzen für das Gottesverständnis. Es ist wohl kein Zufall, dass der Buddhismus, der heute vor allem in Japan und China verbreitet ist, keinen personalen Gott kennt und auch keinen Gott, der als Ursprung der Schöpfung oder als Ursprung allen Seins verstanden wird.

3 Bibel

3.1 Das Entstehen schriftlicher Christuszeugnisse

3.1.1 Am Anfang steht das menschliche Gotteszeugnis durch Jesus

Christlicher Glaube gründet in der Gewissheit, dass sich uns Gotteswirklichkeit in einem konkreten Menschen offenbart, nämlich in Jesus von Nazaret, und nicht durch ein Buch, das von Gott diktiert wurde. (Im Islam ist gerade umgekehrt der Koran die Basis der Offenbarung und nicht Mohammed.) Die Gotteswirklichkeit, die uns in Jesus begegnet, offenbart sich uns nicht als eine Lehre *über* Gott, sondern als ein Geschehen, in welchem sich uns die Wirklichkeit »Gott« so erschließt, dass wir darin uns selbst in einem ganz neuen Licht erschlossen werden.

3.1.2 Die drei ersten (synoptischen) Evangelien

Die Selbsterschließung von Gotteswirklichkeit durch den Menschen Jesus ist uns später Geborenen nur als Kunde derer erhalten, die Jesus leibhaftig erlebt und uns Zeugnisse dieser Begegnung hinterlassen haben. Das geschah nach Jesu Tod (im Jahr 30) zunächst mündlich durch das Erzählen von Jesu Wirken und durch das Bewahren und Weitergeben seiner Worte.

Erste schriftliche Sammlungen von Jesu Wirken und Jesu Worten sind für die Zeit zwischen 40 und 65 anzunehmen. Die erste komponierte Zusammenfassung dieser Texte in der literarischen Gestalt eines Evangeliums wurde kurz nach 70, dem Jahr der Zerstörung des Jerusalemer Tempels, geschrieben: unser Markusevangelium. Die Evangelien des Matthäus und Lukas wurden zwischen 80 und 100 verfasst. Beide übernahmen den Aufriss und den Text des Markusevangeliums und fügten dem eine Sammlung von Jesus-Reden hinzu. Sie nahmen außerdem Sonderüberlieferungen auf, die wir nur bei Matthäus oder Lukas antreffen.

3.1.3 Die Briefe des Apostels Paulus

Älter als die Evangelien sind die Briefe des Apostels Paulus, der aber selbst dem historischen Jesus nie begegnet war. Paulus wurde in einem als dramatisch erfahrenen Widerfahrnis der Gegenwart Jesu etwa im Jahr 33 vom Verfolger zum Verkündiger des christlichen Glaubens. Er äußerte sich zum Gehalt des christlichen Glaubens in Briefen an Gemeinden, die er einmal besucht oder selbst gegründet hatte. Als echte Paulusbriefe gelten: 1. Thessalonicher, Galater, Philipper, 1. und 2. Korinther, Römer, Philemon. Diese Briefe sind die ältesten und einzigen uns erhaltenen schriftlichen Dokumente der ersten Christengeneration.

Paulus setzt sich darin mit Problemen dieser Gemeinden auseinander. Er durchdenkt sie theologisch und sucht sie im Geiste Jesu zu klären und zu lösen. Um sich verständlich zu machen, bedient er sich der religiösen Denkformen seiner Adressaten und übersetzt auf diese Weise den christlichen Glauben in Vorstellungsformen der hellenistischen Kultur.

3.1.4 Die nichtpaulinischen Briefe

Die anderen Briefe des Neuen Testaments stammen weder von Paulus noch von den angegebenen Absendern. Sie wurden erst später unter dem Namen von bekannten Persönlichkeiten geschrieben; eine in der Antike übliche Praxis.

3.1.5 Die johanneischen Schriften

Die unter dem Verfassernamen Johannes bekannten Schriften stammen aus einem anderen geistigen Umfeld als die übrigen Schriften und haben auch ein anderes Verständnis von Jesus. Das Johannesevangelium ist erst zwischen 100 und 120 in einem anderen geistigen Umfeld entstanden und dokumentiert »eine Neuinterpretation des christlichen Glaubens an einer Wende der Religionsgeschichte« (Theissen). Es stimmt nur in sechs Einzelerzählungen mit den synoptischen Evangelien überein. Die Offenbarung des Johannes wurde später den johanneischen Schriften zugeordnet. Sie ist wohl kurz nach 100 von einem uns Unbekannten verfasst worden. Die johanneischen Briefe stammen aus der Zeit zwischen 100 und 120.

3.1.6 Die Schritte zum biblischen Kanon

Luther verstand die Bibel als einen Notbehelf. Christliche Gemeinschaft und Gemeinde begann mit der *persönlichen Kommunikation* zwischen Jesus und seinen Hörern und Jüngern. Nach Jesu Tod entstand durch deren Zeugnis eine *mündliche Kommunikationsgemeinschaft*, die zwischen 70 und 120 in den bereits genannten Schriften ihren Niederschlag gefunden hat. Durch diese Schriften bildeten die Gemeinden eine Art *Literaturgemeinschaft*, in der die vorhandenen Schriften ausgetauscht und in den Gottesdiensten verlesen wurden.

Bald kamen weitere Schriften hinzu. Die Gemeinden mussten nach innen wie nach außen klären und entscheiden, welche dieser Schriften das Christuszeugnis am angemessensten zum Ausdruck bringen. Dieser Prozess der Klärung und der Auslese fand zwischen 140 und 180 vor allem in den Gemeinden Kleinasiens und Roms statt. Eine übergeordnete Organisation gab es damals noch nicht.

Lange umstritten blieben die Briefe des Jakobus, des Judas, der 2. Petrusbrief, der 2. und 3. Johannesbrief, der Hebräerbrief und die Offenbarung. Der neutestamentliche Kanon (maßgebende Liste) mit seinen 27 Schriften, wie er sich heute darbietet, wurde erst gegen Ende des 4. Jahrhunderts abgeschlossen.

Als Kriterien der Auswahl galten (in Abgrenzung gegenüber fremden Philosophien und Gotteskonzepten) die Einheit

Gottes und die Selbsterschließung Gottes im Menschen Jesus. Viele Schriften (vor allem gnostische), die diesen Kriterien nicht voll zu entsprechen schienen, wurden in die Sammlung der maßgeblichen Texte nicht aufgenommen. Einige der im heutigen Kanon enthaltenen Texte blieben noch lange Zeit weiter umstritten (z. B. Hebräerbrief, 2. Petrusbrief, Judasbrief, Jakobusbrief und Offenbarung). Luther stellt sie an den Schluss des Kanons. Die neutestamentlichen Schriften sind der »älteste erhaltene Predigtband der Kirche« (W. Marxsen).

3.1.7 Die ganze Bibel

Die junge Christenheit, die aus dem Judentum hervorgegangen war, verstand auch die religiösen Schriften des Judentums (unser Altes Testament) als die Basis des eigenen Glaubens. Das geschah in der Gewissheit, dass der Gott Abrahams, Isaaks und Jakobs derselbe ist, der sich in Jesus zeigt und den er seinen Vater nennt. Sie sahen das Liebesgebot, das schon in Levitikus 19,18 formuliert ist, durch Jesus bestätigt und vertieft und über die Grenzen des Volkes Israel hinaus auf alle Menschen bezogen.

Im Judentum waren bereits Ende des 1. Jahrhunderts die letzten Entscheidungen darüber getroffen worden, welche Schriften zum hebräischen Kanon der maßgeblichen Texte zählen sollten. Der alttestamentliche Kanon umfasst drei Gruppen: 1. die religiösen Erzähltraditionen und die Rechtsordnung des Judentums vom Ende des 2. Jahrtausends v. Chr. bis in die Mitte des 2. Jahrhunderts v. Chr.; 2. die Worte der Propheten vom 8. Jahrhundert v. Chr. bis zum Buch Daniel von etwa 165 v. Chr.; 3. poetische Texte wie Hymnen, Klagelieder, Danklieder u. a. aus vielen Jahrhunderten und für unterschiedliche Anlässe. Das waren – je nach Zählweise – um die 50 Bücher. Unser Wort »Bibel« kommt von dem griechischen Wort *biblia*. Das bedeutet »die Bücher«.

Das Alte Testament und das Neue Testament bilden zusammen die religiöse Bibliothek der frühen Gemeinden. An diesen alttestamentlichen Zeugnissen orientiert sich der christliche Glaube bis heute. Mit der Sammlung der ältesten Schriften und der Auswahl zu einem normgebenden Kanon ist aus der Erzählgemeinschaft der ersten Christengeneration eine *Buchreligion* geworden. Diese schriftgewordenen Zeugnisse sind die bleibenden Brücken zu jener Gotteswirklichkeit, die in Jesus von Nazaret als menschliche Lebenswirklichkeit sichtbar geworden ist.

3.2 Der Charakter der biblischen Schriften

3.2.1 Biblische Texte als historisch bedingte Texte

Die biblischen Texte sind keine zeitlosen Verlautbarungen Gottes, sondern menschliche Zeugnisse. Als menschliche Zeugnisse sind sie historische Zeugnisse. Das bedeutet: Sie reden von Gotteswirklichkeit nicht aus göttlicher, sondern aus menschlicher Sicht, und zwar in der Sprache, in den Bildern, in den Denkformen und im Welt- und Gottesverständnis der Verfasser. Das gilt auch für die uns überlieferten Worte Jesu.

Jeder Mensch, der sich verständlich äußern will, muss das innerhalb der sprachlichen, kulturellen und politischen Möglichkeiten seiner Umwelt und der seiner Adressaten tun. Da Menschen dasselbe Ereignis aus je ihrer Perspektive sehen, interpretieren und bewerten, sind die urchristlichen Zeugnisse von der in Jesus aufscheinenden Gotteswirklichkeit vielstimmig. Das ist kein Nachteil, sondern ein Reichtum. Die unterschiedlichen Zeugnisse weisen aus unterschiedlichen Perspektiven und mit unterschiedlichen Bildern wie die Speichen eines Rades auf jene Mitte hin, die sich gegenständlich nicht benennen, sondern nur in menschlicher Sprache bezeugen lässt.

3.2.2 Von Gotteswirklichkeit lässt sich nur metaphorisch reden

Unsere Sprache ist eine Gegenstandssprache. Sie ist im Umgang mit den Gegebenheiten unserer Welt entstanden und auf diese abgestimmt und bezogen. Gott ist aber kein Gegenstand dieser Welt und er entspricht auch keinem weltlichen Gegenstand. Deshalb kann Gotteswirklichkeit in den Kategorien unserer Sprache weder erfasst noch beschrieben werden. Sie kann lediglich in einem übertragenen Sinn mit unseren gegenständlichen Vorstellungsformen angedeutet und so in unserem weltgebundenen Horizont artikulierbar werden. Wir können unsere gegenständliche Sprache nur als Bilder, Symbole und Metaphern verwenden, um wenigstens anzudeuten, was sich jeder direkten Aussage entzieht.

Die metaphorische Rede schreibt keine Bedeutungen fest, sondern deutet an; sie beschreibt nicht, sie umschreibt; sie beweist nichts, sondern weist auf etwas hin. Die Rede von Gott als dem »Vater« sagt daher nichts über eine biologische Verwandtschaft mit ihm, sie drückt vielmehr ein Verständnis gegenseitigen Vertrauens aus. Wird Gott als »Licht« oder als »Sonne« bezeichnet, so ist von den lebenspendenden Wirkungen die Rede, die der Mensch erfährt, wenn er sich auf die Lebenswirklichkeit einlässt, die uns in Jesus begegnet.

3.2.3 Metaphern sind letztmögliche Andeutungen

Metaphern liefern uns keine Seins- oder Wesensaussagen über Gott. Sie sind – jede für sich – letztmögliche Versuche, mit je unseren sprachlichen Mitteln von der Gegenwart, von der Wirkung und von der Berührung mit jener Wirklichkeit im menschlichen Leben zu sprechen, die wir »Gott« nennen. Diese letztmöglichen Versuche, in Bildern, Symbolen und Metaphern von Gott zu sprechen, sind nicht dafür geeignet, als Faktenwissen über Gott ausgegeben zu werden oder um aus ihnen Argumente für Seinsaussagen über Gott herzuleiten.

Unsere menschlichen Bilder und Symbole für Gott sind nicht dazu geeignet, aus ihnen Wesensaussagen über Gott zu gewinnen. Die religiöse Sprache kommt über metaphorisches Reden nicht hinaus. Die metaphorische Rede schließt Gotteserkenntnis nicht ab, sie schließt für Gotteserkenntnis auf. Sie ist nicht das Ergebnis und Ende eines Denk- und Erkenntnisvorgangs, sondern sie gibt uns auf, zu erkennen und zu denken.

3.2.4 Metaphern sind vielförmig

Das Ausgangsmaterial für metaphorisches Reden kann vieles sein. Bei den Metaphern »Licht« oder »Vater« für Gott sind es einzelne Wörter. In dem Bild »Ich bin der Weinstock, ihr seid die Reben« (Joh 15,5) wird ein Verhältnis zum Ausdruck gebracht. Das Ein-Satz-Gleichnis vom Sauerteig, den eine Frau in einen Trog Mehl mischt (Mt 13,33), veranschaulicht, was ein Hinweis auf Gotteswirklichkeit in unserem Alltag bewirken kann. In anderen Gleichnissen werden ganze Geschichten zu Metaphern entfaltet. Die vielen Wundergeschichten sind Metaphern für das, was geschieht, wo sich Gotteswirklichkeit ereignet. Auch die Legenden und Mythen im Alten und Neuen Testament verstehen sich nicht als Berichte über historische Ereignisse und Fakten, sondern in erster Linie als Texte, die auf metaphorische Weise Gotteswirklichkeit zur Sprache bringen. Alle diese unterschiedlichen weltsprachlichen Ausgangsmaterialien können in metaphorischer Weise für Gotteswirklichkeit durchsichtig werden oder Nichtsichtbares sichtbar machen.

3.2.5 Metaphern sind vieldeutig

Metaphern liefern keine begrifflichen Definitionen, und sie dürfen auch nicht in diesem Sinne verstanden werden. Sie sollen und können keine eindeutigen Aussagen über das Wesen von Gott machen. Sie müssen in der Andeutung bleiben und fordern so die Deutung heraus. Da Metaphern vieldeutig, aber nicht beliebig deutbar sind, ist nach der angemessenen Deutung zu fragen.

3.3 Die angemessene Deutung biblischer Texte

3.3.1 Biblische Texte sind historische Zeugnisse

Die biblischen Texte sind uns zwar weitgehend eindeutig überliefert. Ein eindeutiger Textbestand garantiert aber noch kein eindeutiges Textverständnis. Alle sprachlichen Äußerungen sind auf vielfache Weise in die historischen Bedingungen ihrer Zeit eingebunden, von ihnen geprägt, ja durch sie definiert. Die Selbstverständlichkeiten, die Auseinandersetzungen, die Spannungen, die Ängste und Hoffnungen der jeweiligen geschichtlichen Zeit klingen in den Worten und Sätzen ungesagt mit und geben einer Äußerung erst Richtung und konkreten Inhalt. Wenn Jesus in einem von Römern besetzten Land »König der Könige und Herr aller Herren« (1Tim 6,15) genannt wird, so bedeutet das etwas völlig anderes als in einer Zeit, in der die Bezeichnung »Herr« zur Anrede für jeden erwachsenen Mann geworden ist und in der die Könige politisch kaum mehr etwas zu sagen haben.

Wer für sein heutiges Verständnis von staatlicher Verteilungsgerechtigkeit Argumentationshilfe in den Gerechtigkeitspassagen der Bergpredigt sucht, der wird nicht nur sehr erstaunt, sondern auch sehr enttäuscht sein, wenn er dort liest: »Trachtet vielmehr zuerst nach seinem Reich und seiner Gerechtigkeit, dann wird euch das alles dazugegeben werden« (Mt 6,33). Ein »Hunger nach Gerechtigkeit« ist gewiss zu allen Zeiten vorhanden. Was aber jeweils mit Gerechtigkeit gemeint ist, das ist in einer religiös geprägten antiken Feudalgesellschaft um Welten von den Gerechtigkeitsforderungen in einem reichen Sozialstaat entfernt.

Die Beispiele zeigen, dass viele biblische Texte ohne Kenntnis ihrer historischen Einbettung nicht angemessen zu verstehen sind. Deshalb ist die historische Bibelwissenschaft, die uns den zeitgeschichtlichen Hintergrund erschließt, für das aktuelle Verstehen dieser Texte unentbehrlich. Zu diesem Hintergrund gehören die griechische Sprache, die religiösen, sozialen und politischen Denkmuster, die Gegebenheiten, Erwartungen und Hoffnungen, ja selbst die Weltverständnisse der Gegner der Christusbotschaft.

3.3.2 Verfasser schreiben für ihre Zeitgenossen

Die Verfasser der biblischen Schriften sammelten, schrieben und komponieren in einer bestimmten Situation für bestimmte Leser. Das ist bei den Briefen des Apostels Paulus offensichtlich, gilt aber für alle Schriften. So kommt z. B. der Verfasser des Matthäusevangeliums aus jüdischer Tradition und richtet sich an Leser, die ebenfalls einen jüdischen Hintergrund haben und mit der jüdischen Tradition vertraut sind. Der Verfasser des Lukasevangeliums kommt hingegen aus der griechisch-römischen Kultur und hat mit seinem Evangelium Leser der römischen Oberschicht im Blick. Das Johannesevangelium ist in einem Kulturraum verfasst, in welchem die religiöse Gnosis (eine religiös-philosophische Erkenntnislehre) den religiösen Hintergrund bildet. Der Verfasser des Johannesevangeliums bedient sich der gnostischen Denkweise und sucht darin die Jesusbotschaft zum Ausdruck zu bringen.

Diese Vielfalt der unterschiedlichen Zeugnisse verbietet es, die situationsbedingte Gestalt der einzelnen Evangelien zum zeitlosen Gehalt des christlichen Glaubens zu erheben. Am Beginn der christlichen Kirche steht nicht eine einheitliche christliche Lehre, sondern die Vielfalt historischer Zeugnisse. Die historischen Bibelwissenschaften helfen uns, die zentrale Botschaft in den unterschiedlichen Texten zu erkennen.

3.3.3 Wer entscheidet, was gilt?

Die frühe Christenheit hat der Versuchung widerstanden, sich auf eine einzige Gestalt und definierte Lehre des christlichen Glaubens festzulegen. Sie wusste aus der Missionserfahrung ihrer ersten Generationen, dass die Christusbotschaft in jenen Sprachen, Denkformen und Weltverständnissen ausgedrückt werden muss, in denen die Menschen zu Hause sind, denen sie gebracht wird.

Was als der Kerngehalt und der angemessene Ausdruck gelten soll, kann nicht von einer der Schrift übergeordneten Instanz festgelegt werden, denn auch sie könnte nichts anderes als nur eine unter vielen historischen Ausdrucksformen sein. Die zentralen Leitgedanken der Christusbotschaft müssen aus der historisch begründeten intensiven Beschäftigung mit allen biblischen Zeugnissen immer neu gewonnen und dann für die jeweilige Gegenwart in einer für die Zeitgenossen verständlichen und plausiblen Sprache gewagt werden.

Das Christentum erweist sich in dieser Sicht eben nicht als eine erstarrte Buchreligion, in der überkommene Formulierungen wörtlich geglaubt werden, sondern als eine lebendige *Dialog-Gemeinschaft*, die sich für ihre Gegenwart stets neu an jener Lebenswirklichkeit orientiert, die ihr durch Jesus von Nazaret eröffnet und durch die biblischen Zeugnisse überliefert worden ist.

4 Gott

4.1 Religionsgeschichtliches

4.1.1 Keine allgültige Definition

Von Gott im engeren Sinne sprechen wir erst dort, wo über-
irdische Mächte in personaler Gestalt und mit Willen ausgestattet vorgestellt werden. Ein Gott in personaler Gestalt
taucht in der Religionsgeschichte freilich erst spät auf. Es gab
und gibt Religionen ohne personal vorgestellte Gottheiten.
Die Hypothese, dass alle Religion mit einem Ur-Monotheis-
mus begonnen habe, lässt sich nicht halten. Ebenso wenig
überzeugend sind jene Ursprungstheorien, die eine notwendige religiöse Evolution zum Monotheismus hin konstruieren.
Gottesvorstellungen stehen in enger Beziehung zu den Le-
bensverhältnissen, den kulturellen Gegebenheiten und der
Mentalität jener Gruppen, in denen sie hervorgebracht werden. Eine generelle Definition von »Gott« ist nicht in Sicht.

4.1.2 Nichtpersonale Gottheiten

In einem weiteren Sinn kann man alle als überirdisch erlebten
Mächte, Geister und Numina als Götter oder als Gottheiten
bezeichnen, zu denen sich Menschen in einer Beziehung sehen.
Nichttheistische Religionen finden wir in urgeschichtlicher Zeit
wie in noch gegenwärtigen Stammesreligionen und selbst in
der Weltreligion des Buddhismus, dem wegen des Fehlens einer
Gottesvorstellung der Rang einer Religion oft abgesprochen
wird. Begegnung und Umgang mit dem Heiligen, dem Jenseitigen, dem Übermächtigen, dem Göttlichen, dem Anderen müssen nicht notwendig in personalen Vorstellungen stattfinden
und sollten daher weder als primitiv noch als bloße Vorstufen
zum monotheistischen Gottesverständnis abgewertet werden.

4.1.3 Polytheismus

Werden Geister, Mächte, Eigenschaften, Funktionen Handlungsfelder oder abstrakte Begriffe (wie Frieden, Krieg, Barmherzigkeit u. a.) als personale Größen vorgestellt, so sprechen wir von Polytheismus (von gr. *polý*/viel und *theós*/Gott). Der Glaube an eine Vielzahl von Gottheiten kann auch durch Zusammenschluss von Gemeinwesen mit unterschiedlichen Gottheiten zu einem Pantheon (von gr. *pantes*/alle und *theói*/Götter) entstehen. Diese Vielheit der Götter wird oft hierarchisch oder in Drei-, Sieben-, Neun- und Zwölfheiten gegliedert und in Göttergenealogien und Mythen veranschaulicht. Das Pantheon kann auch die Kräfte repräsentieren, die das Leben einer Gruppe prägen, und so ein Modell von deren Weltverständnis darstellen und die Zustände der Welt abbilden. Die Gottheiten des Polytheismus sind mit übermenschlichen Kräften ausgestattet und greifen in das Geschehen in dieser Welt ein. Sie sind nicht ewig, sondern sie sind entstanden und können auch zugrunde gehen. Polytheistische Götter haben Namen. Sie stehen der Welt nicht gegenüber, sondern sind selbst ein Teil des Kräftespiels dieser Welt. Die Gesamtheit der Götter kann sogar als die Erscheinungsweise einer einzigen Gottheit verstanden werden.

4.1.4 Schritte zum Monotheismus

Innerhalb des polytheistischen Weltverständnisses ist auch ein Ein-Gott-Glaube möglich, den man *Henotheismus* nennt (von gr. *hén*/ein und *theós*/Gott). Er bestreitet die Existenz anderer Götter nicht, verehrt selbst aber nur den eigenen Gott. Das nennt man *Monolatrie* (von gr. *mónos*/allein, einzig und *latréia*/Verehrung). Der zunächst noch tolerante Ein-Gott-Glaube in Israels Frühzeit entwickelt sich bereits im 9. und 8. Jahrhundert v. Chr. (Elija, Hosea) zu einem exklusiven Henotheismus, der anderen Göttern die Fähigkeit zur Hilfe abspricht. Diese Tendenz zum *Monotheismus* (von gr. *mónos*/

allein, einzig und *theós*/Gott), die man auch als Mono-Jahwismus bezeichnen kann, wird von Jesaja und Jeremia verstärkt. In der Zeit des Exils (Mitte des 6. Jh. v. Chr.) kommt mit Deuterojesaja der jüdische Monotheismus voll zum Durchbruch: »Ich bin der Erste und ich bin der Letzte, und es gibt keinen Gott außer mir« (Jes 44,6). Das wird zum bleibenden und grundlegenden Bekenntnis des Judentums: »Höre, Israel: Der HERR, unser Gott, ist der einzige HERR« (Dtn 6,4).

4.2 Der jüdische Monotheismus

Der Monotheismus des Judentums unterscheidet sich in wesentlichen Punkten von den henotheistischen und polytheistischen Göttervorstellungen seines religiösen Umfelds. Hier werden nur jene Elemente hervorgehoben, die auch in das christliche Gottesverständnis eingegangen sind.

4.2.1 Monotheismus – ein nützlicher Hilfsbegriff

Das Wort »Monotheismus« ist eine Prägung der abendländischen Aufklärung. Mit diesem Begriff wird in der Rückschau aus europäischer Sicht ein Phänomenbereich in der jüdischen Antike herauspräpariert, den es im Weltverständnis jener Kultur in dieser abgehobenen Weise gar nicht gab. Religion und Gottesverständnis waren Teil und Ausdruck des Weltverständnisses der jüdischen Kultur und existierten davon nicht abgegrenzt als ein eigener Bezirk. Dennoch hilft uns der Begriff, das im Judentum aufleuchtende Neue zu erfassen und vom Bisherigen zu unterscheiden. So erhält auch die Vielheit der Götter ihr charakteristisches Profil erst durch das monotheistische Gegenüber.

4.2.2 Gott ist ohne Anfang

Die Götter der Völker um Israel können geboren werden und sterben. Der eine Gott Israels hat hingegen keinen Anfang und kein Ende. Einen Anfang hat nur der Glaube an ihn. Gott war schon immer und wird auch immer sein. Er hat sich aber in geschichtlicher Zeit dem Volk Israel als der eine und einzige Gott offenbart.

4.2.2 Gott offenbart sich in der Geschichte
Die polytheistischen Religionen begegnen ihren Gottheiten in den Kräften und Erscheinungen der Natur, der vegetativen Prozesse, in Jagd und Krieg, in den Widersprüchen und unverfügbaren Ereignissen des Lebens. Der eine Gott Israels offenbart sich im Gang der Geschichte, und zwar als der Befreier aus der ägyptischen Sklaverei, als der Erretter aus den Gefahren im Schilfmeer, in der Proklamation seiner Gebote und Gesetze. Er steht zu seinem Bund, den er bereits mit Abraham, dann am Sinai mit dem Volk und schließlich mit König David und dessen Nachfolgern geschlossen hat. Er ist nicht Teil der Geschichte, sondern deren Herr.

4.2.3 Gott ist der Welt gegenüber
Die Gottheiten des Polytheismus sind zwar mächtig und können in das Weltgeschehen eingreifen, sie sind aber selbst ein Element dieser Welt. Der eine Gott, den Israel bekennt, steht der Welt als deren Schöpfer gegenüber. In der Art, sich diese Schöpfung vorzustellen, übernimmt Israel die Modelle der altorientalischen Schöpfungsmythen. Gott selbst wird aber im Gegensatz zu allem gesehen, was bisher als Gottheit galt und was Welt oder Mensch ist. Damit wird Gott nicht nur als der allem Welthaften gegenüber »ganz Andere« verstanden, es wird damit zugleich ausgedrückt, was nicht von göttlicher, sondern von weltlicher Art ist, nämlich die vielen Götter der Völker, die Himmelskörper (Lampen!), die Natur und auch die Menschen. Die Welt des Polytheismus wird gleichsam entgöttlicht und erst damit zur Welt erklärt.

4.2.4 Gott ist weder erkennbar noch darstellbar

Viele Religionen haben Götter in Kultbildern dargestellt und damit präsent und sich verfügbar gemacht. Der eine Gott, den das Judentum bekennt, ist allem, was Welt ist, entgegengesetzt und deshalb dem Menschen nicht zugänglich, nicht verfügbar und auch durch menschliches Denken weder zu erreichen noch zu erkennen: »Fürwahr, du bist ein Gott, der sich verbirgt« (Jes 45,15).

4.2.5 Gott existiert – aber wie?

Israels Glaube setzt wie die der gesamten altorientalischen Welt voraus, dass Gott existiert. Ein theoretischer Atheismus (von gr. *átheos*/ohne Gott), der die Existenz Gottes bezweifelt, ist in diesem Weltverständnis, zu dem Gottheiten gehören, noch nicht denkbar. Israels Glaube zeigt sich nicht darin, die Existenz Gottes anzuerkennen – denn diese gilt allenthalben als selbstverständlich; er besteht vielmehr darin, im Vertrauen auf den Gott, der Israel zu seinem Volk erwählt hat, jenen Verpflichtungen gerecht zu werden, die der Gottesbund von der menschlichen Seite fordert, nämlich die Gebote, Gesetze und Ordnungen zu erfüllen, in denen Gott seinen Willen kundgetan hat. Wo das geschieht, da erweist sich Gott im Leben des Volks und des Einzelnen als treu, als wirklich, als gegenwärtig.

4.3 Der Gott der Philosophen

4.3.1 Die griechischen Sophisten

Zweifel an der Existenz von Göttern wurden in der Alten Welt erstmalig vom griechischen Philosophen Protagoras (485–415 v. Chr.) geäußert: »Von den Göttern weiß ich nichts. Weder ob es solche gibt, noch auch, ob es keine gibt«. Diese Position nannte man später »Agnostizismus« (von gr. *ágnostos*/unbekannt, unerkennbar). Gotteszweifel passte nicht in das antike

Weltverständnis. Protagoras wurde 411 v. Chr. in Athen wegen Asebie (von gr. *asébeia*/Gottlosigkeit) zum Tode verurteilt und kam auf der Flucht vor der Vollstreckung um. Auch der Sophist Anaxagoras wurde um 473 v. Chr. der Gottlosigkeit angeklagt und aus Athen verbannt, weil er die Sonne nur für einen glühenden Steinklumpen hielt.

4.3.2 Platon

Platon, (427–347 v. Chr.) rückte im Anschluss an Sokrates Gott in das Zentrum seines philosophischen Bemühens. Er definierte das Göttliche als ewig, allmächtig, allwissend, gut und Ursache alles Guten, unwandelbar, unkörperlich und nur im Denken zu erfassen. Gott ist das Maß aller Dinge. Er ist aber nicht Person, sondern Idee im Sinne einer letzten Wirklichkeit.

4.3.3 Aristoteles

Aristoteles (384–322 v. Chr.) verstand in der Nachfolge Platons die erste Philosophie als Theologie, denn sie untersucht das ursprünglichste Sein und damit das Göttliche. Gott ist als der erste Beweger selbst unbewegt, außerräumlich, unkörperlich und das Vollkommenste, das sich denken lässt.

4.3.4 Philosophien des Hellenismus (4. Jh. v. Chr. bis 6. Jh. n. Chr.)

Für die Stoa war Gott ein beseeltes geistiges Wesen, aus dem die Welt hervorgegangen ist, und das alles durchdringt. Der Apostel Paulus zitierte in Athen das stoische Welt- und Gottesverständnis mit dem Satz des Stoikers Kleanthes (3. Jh. v. Chr.): »In ihm nämlich leben, weben und sind wir« (Apg 17,28). Der Philosoph Plotin (205–270), der Platons Philosophie zu neuer Blüte brachte, setzte Gott als das Erste sogar über alle Vernunft, alles Denken und Wollen. Gott ließ sich daher allenfalls in Negationen bestimmen.

4.3.5 Die bleibende Verbindung von Philosophie und Theologie

Bereits im 2. und 3. Jahrhundert haben die frühen christlichen Theologen den christlichen Gottesglauben als die erste und wahre Philosophie darzustellen versucht. Mit der Lehre von der Trinität, ausgebildet im 3. bis 5. Jahrhundert, hat die neuplatonische Philosophie das christliche Denken dominiert. Die enge Verbindung blieb bis ins hohe Mittelalter. Sie wurde von Thomas von Aquin (1225–1274) durch die Integration der aristotelischen Philosophie sogar noch vertieft und in dieser Gestalt von Papst Leo XIII. 1879 zur offiziellen philosophischen Grundlage der römisch-katholischen Glaubenslehre erklärt. Gott wird darin zu der von keiner anderen Wirklichkeit abhängigen Urwirklichkeit. Die damit an philosophische Vorgaben gebundene kognitivistische Verkürzung des Glaubens auf Glaubenswissen hat die protestantische Theologie nicht mitvollzogen und sich aus der Umklammerung durch die Philosophie zu befreien versucht. Seit der Aufklärung (ab 17. Jh.) beginnen Philosophie und Theologie in der Frage nach Gott eigene Wege zu gehen und eigene Antworten zu finden. Dennoch bleibt theologisches Denken insofern mit der Philosophie verbunden, als sein geistiges Instrumentarium im Kontakt und auf der philosophischen Höhe der Zeit bleiben muss, um für Zeitgenossen verständlich und plausibel zu sein.

4.4. Das christliche Gottesverständnis

4.4.1 Der historische Jesus

Jesus stand in der Tradition des jüdischen Gottesverständnisses, aber er vertrat keine Lehre über Gott. Vielmehr manifestierten sich in seinem heilenden Handeln und in seinen Mahlgemeinschaften mit den religiös Ausgestoßenen und den Nichtjuden die Nähe, ja die Gegenwart dessen, was man die »Gottesherrschaft« nannte oder auch als Selbstkundgabe Gottes bezeichnen kann. Auch seine Gleichnisse sind sprachlich gefasste Manifestationen dieser Nähe Gottes in den Ausdrucksformen seiner Zeit. Sein Wirken und Reden sagt uns nichts *über* Gott, sondern steht für ein Leben *aus* Gott und redet damit *von* Gotteswirklichkeit im Horizont menschlicher Erfahrung. Jesus war kein Theologe. Er führte durch sein Wirken Menschen zu einer Begegnung mit jener Realität, für die unser Wort »Gott« steht.

4.4.2 Die Quelle und Basis christlichen Gottesverständnisses

Das christliche Verständnis von Gott unterscheidet sich darin vom jüdischen und vom philosophischen, dass es sich auf jene Gotteswirklichkeit bezieht, die in Jesu Worten und Handeln offenbar geworden ist und fortan für Menschen erfahrbar wird. Dabei geht es nicht um eine Lehre über Gott, sondern um ein Leben, in welchem jener Geist Gottes zum Zuge kommt, von dem auch Jesu Botschaft und Leben geprägt und erfüllt war.

Die hier offenbar gewordene Gotteswirklichkeit wurde von den Jüngern und Nachfolgern Jesu in sprachlich und kulturell unterschiedlichen Modellen, Denkformen, Metaphern und Symbolen zum Ausdruck gebracht, weitergesagt und in Evangelien und Briefen schriftlich dokumentiert. Am Anfang christlichen Redens von Gott steht also kein einheitliches und formuliertes Gottesverständnis, sondern eine Vielzahl unterschiedlicher menschlicher Sprachzeugnisse von jener Gotteswirklichkeit, die sich in Jesus ereignet hat und fortan in Menschen ereignet, die sich auf ein Leben aus seinem Geist einlassen. Es ist ein Reichtum und ein wichtiger Hinweis, dass die frühen Gemeinden die Vielzahl der Stimmen erhalten und nicht ideologisch auf ein einliniges Konzept reduziert haben, wofür es auch Versuche gab.

4.4.3 Ausformungen christlicher Gottesverständnisse

Im Anschluss an die unterschiedlichen Deutungsmodelle in den biblischen Schriften wurde bereits im 2. Jahrhundert das Gottesverständnis in den Denkstrukturen der hellenistischen Philosophien und Mysterienkulte neu formuliert, um es den Menschen der hellenistischen Kultur nahezubringen und verständlich zu machen. Dabei erwies sich jede Transformation auch als eine Veränderung. Das philosophisch-kognitiv geprägte Gottesverständnis der Stoa, des Neuplatonismus, der Gnosis und der Mysterienreligionen wurde in die durch Erfahrung vermittelte urchristliche Gottesbegegnung integriert und hat diese überlagert. So wurde die antike Hypothese von der Existenz eines kognitiv vorgegebenen Gottes in der Christenheit festgeschrieben und damit eine zeitbedingte Gestalt des Gottesverständnisses zum Inhalt des Gottesglaubens erhoben.

4.5 Abbauformen des christlichen Gottesverständnisses

Die Versuche, das in antiker Philosophie verfasste Gottesverständnis der Christen mit den Erkenntnissen der jeweils zeitgenössischen Philosophie und den entstehenden Naturwissenschaften geistig in Einklang zu bringen, hat zu einer Vielzahl von Lösungsversuchen geführt, in denen das theistische Gottesbild schrittweise aufgelöst wurde. Das war deshalb leicht möglich, weil der geschichtlich gewordene christliche Gottesbegriff philosophische Elemente enthielt, die sich vom spezifisch christlichen Gottesverständnis wieder trennen ließen, so wie sich ein Wasser-Öl-Gemisch ohne Emulgator von allein wieder in Wasser und Öl trennt.

4.5.1 Der Theismus

Als Erstes ist das theologische Konzept des »Theismus« (von gr. *theós*/Gott) zu nennen, dessen philosophische Grundgedanken bereits in den Konzepten von Platon und Aristoteles vorlagen und später noch ausgebaut wurden. Der Theismus spricht von einem einzigen, persönlichen, überweltlichen Gott, der selbsttätig die Welt erschaffen hat, erhält und lenkt. Diese Ersterklärung und Letztbegründung von Welt kann ohne Einbindung in eine konkrete religiöse Praxis für sich stehen. Aus diesem theistischen Konzept, das man für das christliche Gottesverständnis nahm, konnten einzelne Elemente herausgebrochen werden, die sich mit den jeweils aktuellen naturwissenschaftlichen Erkenntnissen nicht mehr in Einklang bringen ließen.

4.5.2 Der Deismus

Der französische Philosoph und Naturwissenschaftler René Descartes (1596–1650) sprach der menschlichen Vernunft bereits Eigenständigkeit gegenüber Gott zu und hielt die Vernunft zugleich für fähig, die Existenz Gottes zu beweisen. Der englische Philosoph Herbert von Cherbury (1538–1648) brachte eine Gottesvorstellung ins Gespräch, die man als »Deismus« bezeichnete (von lat. *deus*/Gott). Der Deismus hält an der Existenz eines persönlichen Gottes fest, der die Welt geschaffen hat. Dieser Gott wird zwar als der Urgrund der Welt anerkannt, aber er kann auf den weiteren Gang der Natur und der Geschichte in keiner Weise einwirken.

4.5.3 Der Pantheismus

Der christlich gefärbte Monotheismus enthielt vom Judentum her die Vorstellung, dass Gott und Welt zwar aufeinander bezogen, aber ihrem Wesen nach Gegensätze sind. Welt darf nicht als göttlich verstanden und vergöttlicht werden und Gott darf nicht zum Weltgegenstand gemacht werden. Aus dieser religiösen Gottesvorstellung wurde das Element der Trennung entfernt, und das ergab eine Allgottheitslehre, die uns bereits bei dem griechischen Philosophen Xenophanes (um 580 bis um 485 v. Chr.) und in der stoischen Philosophie begegnet. Die Auflösung des Gegensatzes von Gott und Welt führt zu einer Identifikation von Gott und Welt, die als »Pantheismus« (von gr. *pán*/all) bezeichnet wird. Das theistische Element des persönlichen Gottes wird beibehalten und der weiterhin jenseitige Gott wird als der Welt innewohnend gedacht. Das All, die Natur, wird zu Gott. F. Schleiermacher (1768–1834) stellte fest: »Pantheismus ist die heimliche Religion der Deutschen«. Und A. Schopenhauer (1788–1860) sah im Pantheismus »die vornehme Form des Atheismus«. Der Pantheismus hat mehrere Varianten entwickelt.

4.5.4 Der Monismus
Liegt bei der Ineinssetzung von Gott und Welt der Nachdruck auf Gott, so droht die Eigenexistenz von Welt im Göttlichen aufzugehen. Die Welt ist dann nur eine Erscheinungsform Gottes (Panentheismus/All-in-Gott-Lehre). Liegt der Nachdruck auf Natur und Welt, so werden diese »Gott« genannt, und die Eigenexistenz Gottes ist aufgehoben. Wird hier die ohnehin nur noch formale Komponente des Göttlichen ganz aufgegeben, so ist der religionsfreie »Monismus« (von gr. monás/Einheit) entstanden, der die Welt aus der eigenen Grundsubstanz der Materie ableitet und erklärt. Der deutsche Zoologe E. Haeckel gründete auf der Basis dieses Weltverständnisses 1906 den Deutschen Monistenbund, eine naturwissenschaftlich-materialistische Ersatzreligion, die das Christentum ablösen sollte.

4.5.5 Der Atheismus
Der materialistische oder naturalistische Monismus ist bereits eine Ausprägung des »Atheismus« (von gr. *átheos*/ohne Gott). Dieser Atheismus lebt vom Widerspruch gegen den Theismus, hat also gar keinen eigenen Gehalt, sondern besteht aus der Negation jener Wirklichkeit, die das Wort »Gott« bezeichnet.

Sofern er Gotteswirklichkeit aktiv bestreitet und sich gegen Religion wendet, macht er sich paradoxerweise selbst zu einer Gegenreligion. Diese Form des Atheismus gibt es erst im Gefolge des modernen Materialismus, insbesondere des Marxismus.

4.5.6 Der Agnostizismus

Eine philosophische Variante, in der Gott oder Transzendenz ausgeklammert bleiben, ist der »Agnostizismus« (von gr. *ágnostos*/unbekannt). Der Agnostiker bestreitet nicht grundsätzlich Transzendenz und Gott, er sagt nur: Sollte es das geben, so entzieht es sich menschlichem Erkennen, weil es jenseits dessen liegt, was uns in der Erfahrung gegeben ist. Wo freilich gesagt wird, »Da wir Transzendentes nicht erkennen, so gibt es das nicht«, da wird aus dem neutralen Agnostizismus ein konfessioneller Atheismus. Agnostische Positionen werden bereits von antiken griechischen Philosophen vertreten. Der moderne Agnostizismus wird seit der Mitte des 19. Jahrhunderts von Naturforschern vertreten, die sich in metaphysischen, über die Erfahrung hinausgehenden Fragen eines Urteils enthalten möchten.

4.6 Das Spezifikum des christlichen Gottesverständnisses

4.6.1 Die Notwendigkeit der kritischen Prüfung

Die christliche Theologie tut gut daran, sich jeder zeitgenössischen Kritik ihrer Gottesvorstellung zu stellen. Eine Gottesvorstellung, die vermittelbar sein soll, muss sich in Modellen, Denkweisen, Symbolen und Metaphern artikulieren, die im Horizont des Weltverständnisses der Zeitgenossen liegen. Das bedeutet nicht nur Transformation, sondern auch Revision des Überkommenen. Es gilt nicht, ehrwürdige Sprachtraditionen zu erhalten, sondern unter den geistigen Bedingungen der Gegenwart das Spezifische und Charakteristische des christlichen Gottesverständnisses herauszuarbeiten und Vorstellungen loszulassen, die zwar zur historischen Gestalt der Überlieferung gehören, aber im Weltverständnis der Gegenwart keine Plausibilität mehr haben.

4.6.2 Die Trinitätslehre muss befragbar bleiben

Christlicher Glaube ist seit dem 5. Jahrhundert in der verbindlichen Gestalt der Trinitätslehre verkündet worden. Sie sagt uns, dass uns der eine Gott in den drei Erscheinungsformen von Schöpfer, Sohn und Heiligem Geist begegnet. Es hilft wenig, die mit dem Instrumentarium der hellenistischen Philosophie konzipierte göttliche Dreiheit in der Einheit Gottes zum Geheimnis zu erklären, weil das Konstrukt nur noch für Spezialisten zu entschlüsseln ist. Unverändert bleibt zweifellos die Erfahrung, dass wir Gotteswirklichkeit auch heute im Bereich von Natur und Geschichte, in Jesus von Nazaret und in Prozessen begegnen, die wir als uns zufallende Geschenke erleben. Was in der Trinitätslehre in komplizierter Weise zusammengebunden wurde, muss auch in seinen Elementen befragbar bleiben.

4.6.3 Der Schöpfer

In der gesamten alten Welt bildeten naturkundliches und religiöses Wissen eine Einheit. Die Natur wurde religiös gedeutet und religiöse Aussagen kamen in naturkundlichen Vorstellungsformen zur Sprache. Im Alten Orient galt es als selbstverständlich, dass die Welt von Göttern oder von einem Gott erschaffen wurde. Für Israel war der Schöpfer von Himmel und Erde selbstverständlich der eine und einzige Gott Jahwe. Dieser Schöpfungsgedanke war also nicht das inhaltliche Spezifikum von Israels Gottesglauben, sondern lediglich die altorientalische Gestalt, in der auch Israel sein Weltverständnis ausdrückte. Es geht in den Schöpfungsgeschichten (Gen 1 + 2) auch nicht um eine Entscheidung und Auskunft darüber, *wie* der Kosmos entstanden ist, denn gerade dieses Wie wird in den beiden Schöpfungsgeschichten unterschiedlich vorgestellt. Der Schöpfungsglaube Israels will weder ein Faktenwissen über Gott noch über die Weltentstehung vermitteln; er artikuliert in der damaligen üblichen Anschauungsform vom Werden der Welt eine Reihe von religiösen Aussagen:

- Unsere Welt ist kein kaltes, neutrales Spielfeld für unsere Wünsche und Bedürfnisse. Sie ist ein uns Menschen anvertrautes Gut, für das wir Verantwortung tragen.
- Wir dürfen Luft, Wasser Tiere und Pflanzen nutzen, aber dabei nicht vergessen, dass wir mit ihnen eine Lebensgemeinschaft bilden, die es zu erhalten und zu pflegen gilt.
- Die Schöpfungsgeschichten führen vor Augen, dass die Welt nicht göttlich und dass Gott kein Gegenstand dieser Welt, sondern ihr Gegenüber ist.
- Wir sind in der Welt nicht wie Fremdkörper ausgesetzt, sondern in ihr vielfältiges Leben eingebunden und mit allem verbunden.
- Glaube an den Schöpfer heißt, unsre Verantwortung für das Geschenk der Schöpfung wahrzunehmen. Es überzeugt nicht, dort nach Gottes Hilfe zu rufen, wo wir selbst diese Hilfe geben könnten und sollten.

Zur naturkundlichen Frage, wie die Welt entstanden ist, hat der christliche Glaube nichts beizutragen. Er kann gelassen die wechselnden Antwortversuche der Naturwissenschaften zur Kenntnis nehmen.

4.6.4 Der Sohn

»Sohn Gottes« bezeichnet keinen biologischen Tatbestand. Es ist die in der alten Welt vertraute Metapher dafür, dass in dem bezeichneten Menschen Göttliches gegenwärtig ist und Gottes Wesen sich in Menschengestalt zeigt. Jesu Worte, Verhaltensweisen und Handlungen vergegenwärtigen eine Liebe, die keine Bedingungen stellt und die alle religiösen, ethnischen und politischen Grenzen sprengt. An und durch Jesus wird erfahrbar, was der 1. Johannesbrief 4,16a mit dem einfachen Satz ausdrückt: »Gott ist Liebe.« Das war und ist auch ohne die Trinitätslehre verständlich und erfahrbar, denn: »Wer in der Liebe bleibt«, sich auf ein Leben aus dieser bedingungslosen Liebe einlässt, »der bleibt in Gott und Gott bleibt in ihm« (1Joh 4,16b). Die Erfahrung des Gottes, den Jesus offenbar macht, ereignet sich dort, wo wir diese Liebe wahrnehmen, uns von ihr erfüllen lassen und daraus die Kraft gewinnen, sie weiterzugeben.

4.6.5 Der Heilige Geist

Der Heilige Geist gilt nach traditionellem Verständnis als eine der drei Erscheinungsformen des personalen Gottes und damit selbst als Person. Wer mit den Begriffen der hellenistischen Philosophie nicht vertraut ist, wird kaum eine Chance haben, dieses trinitarische Konstrukt denken zu können. Wir müssen das auch nicht, denn die Trinitätslehre ist nur ein kulturell bedingter Versuch, darüber zu sprechen, wie und wo Gotteswirklichkeit für uns erfahrbar wird. Aber wie kommt es überhaupt zu der Vorstellung, dass Gott in Gestalt des Heiligen Geistes unter uns wirkt?

Die Struktur des indoeuropäischen Aussagesatzes zwingt uns dazu, von allem, was geschieht, auch zu sagen, *wer* es bewirkt oder getan hat. (Der *Hund* bellt.) Wenn wir einen Verursacher nicht nennen können, müssen wir ihn sprachlich erfinden, wie z. B. in dem Satz: »Der *Wind* weht.« »Wind« ist ja nichts anderes als »wehen« (vgl. 2.4.3). Das Ereignis des Wehens wird zu einem Tätersubjekt vergegenständlicht und gilt nun als Verursacher des Wehens.

Die antiken Kulturen gingen noch über die Vergegenständlichung von Vorgängen hinaus. Für die griechische Antike war es charakteristisch, vor allem Ereignisse, die den Menschen betrafen, nicht nur auf gegenständliche Verursacher zurückzuführen, sondern auf persönliche Gottheiten. Wo Menschen in Zwietracht, Streit und Auseinandersetzungen lebten, da sah man Eris (gr. Hader), die Göttin der Zwietracht, am Werk. Herrschten Friede und Ordnung, so war das dem Wirken der Eirene (gr. Frieden), Göttin des Friedens, zu verdanken. Wo die geschlechtliche Liebe entbrannte, erkannte man das Wirken des Eros (gr. geschlechtliche Liebe, Verlangen, Begierde; lat. Amor), des Gottes der sinnlichen Liebe. Für die selbstlose und bedingungslose Liebe, die Jesus lebte, gab es in der griechischen Sprache weder ein Wort, noch eine Gottheit, weil dieses Verhalten gar nicht im Blick war. Erst in den neutestamentlichen Schriften wurde die von Jesus repräsentierte bedingungslose Liebe und alles, was daraus folgt, als *agápe* bezeichnet und damit von *éros* (geschlechtliche Liebe) und *philía* (Freundesliebe) unterschieden. Im Weltverständnis der hellenistischen Kultur lag es nahe, eine persönliche göttliche Größe am Werk zu sehen, die zu bedingungslosem Lieben im Sinne von *agápe* befähigt, nämlich den Heiligen Geist. Aus dem Johannesevangelium (4,24) kannte man den Satz: »Gott ist Geist«. In seinem Bemühen um die Trinitätslehre hatte der Kirchenvater Athanasius († 373) festgestellt: Der Heilige Geist ist kein anderer Geist als der Geist Christi. Und da der für uns sichtbare Geist Christi dem Geist Gottes entspricht, ist der Heilige Geist eben jener Geist Gottes, der sich uns in Jesus als die bedingungslose Liebe zeigt. In 1. Johannes 4,8 heißt es ohne Umwege: »Gott ist Liebe.«

Wo bedingungslose Liebe geschieht, da geschieht Gott und da wird Gott erfahrbar. Was in der Trinitätslehre sehr kompliziert ausgedrückt wird, das lässt sich mit 1. Johannes 4,16 einfach sagen: »Wer in der Liebe bleibt, bleibt in Gott und Gott bleibt in ihm.« Wo Menschen für Gott, also für den Heiligen Geist offen sind, da werden sie selbst zu dieser sich schenkenden Liebe fähig und stark. Paulus nennt das den »Glauben, der sich durch die Liebe als wirksam erweist« (Gal 5,6).

Die Personifizierung des göttlichen Geistes zum Heiligen Geist als Person ist eine Ausdrucksform der hellenistischen Kultur. Christen glauben nicht an eine Lehre über Gott; sie vertrauen sich jener Liebe an, in der und durch die Gott gegenwärtig ist. Martin Buber sagt das in einer Geschichte noch einfacher: »Rabbi Mendel von Kozk überraschte einst einige gelehrte Männer, die bei ihm zu Gast waren, mit der Frage: ›Wo wohnt Gott?‹ Sie lachten über ihn: ›Wie redet Ihr! Ist doch die Welt seiner Herrlichkeit voll!‹ Er aber beantwortete die eigene Frage: ›Gott wohnt, wo man ihn einlässt.‹«

4.6.6. Klärendes zum deutschen Wort »Liebe«

Das deutsche Wort »Liebe« ist ein Sammelbegriff, dessen Bedeutungsvielfalt wir hier nicht ausschöpfen, sondern allenfalls auf unser Thema hin ein wenig differenzieren können. Die Begriffsgeschichte bleibt dabei weitgehend ausgeklammert.

– Bereits der rein körperliche *Sex* wird allgemeinsprachlich als »Liebe« bezeichnet, selbst wenn er mit keiner personalen Beziehung verbunden ist.

– *Geschlechtliche Liebe* (gr. *éros*) kann in kulturell unterschiedlich gestalteten personalen Beziehungen ausgeformt werden.

– Die *Mutterliebe/Elternliebe* gehört zur biologischen Natur des Menschen. Das entwertet sie nicht. Sie ist im Brutpflegeverhalten angelegt und für die Erhaltung der Art unerlässlich.

– Die *Geschwisterliebe* hat ebenfalls eine biologische Grundlage. Sie kann mit dem Erwachsenwerden verblassen oder verschwinden. Sie kann aber auch kulturell gepflegt und geformt werden.

– Diese im Instinktverhalten gegründeten menschlichen Begegnungen und Beziehungen sind natürliche/biologische Formen der Liebe. Sie sind bereits bei den höheren Tierarten in unterschiedlichem Maß vorhanden. Diese biologisch vorgegebenen Formen können in den menschlichen Kulturen und von Einzelnen persönlich unterschiedlich gestaltet werden.

- Die *Freundesliebe* (gr. *philía*) als Zuneigung auf der Basis von Gemeinsamkeiten ist eine erst in der menschlichen Kultur hervorgebrachte Form der personalen Beziehung. Sie wird in der griechischen Kultur als die edelste Form menschlicher Liebe verstanden.
- Die *Nächstenliebe*, die auch Menschen einbezieht, zu denen keine spontane Zuneigung entsteht, ist ein religiöses Phänomen; sie taucht in der Gestalt eines göttlichen Gebotes auf und bezieht sich auf den frühen Stufen der Religionsgeschichte nur auf den Kreis der Glaubensgenossen. Das gilt auch noch für das alttestamentliche Gebot: »Du sollst deinen Nächsten lieben wie dich selbst« (Lev 19,18). Dieses Gebot, den Nächsten = Glaubensgenossen zu lieben, wird in Levitikus 19,33 auf die Fremden ausgeweitet, die in Israel leben. Feindesliebe ist hier allerdings noch nicht in Sicht.
- Für die Bezeichnung jener Liebe, die durch Jesus wirklich und erfahrbar geworden ist, und die man *christliche Liebe* nennen kann, hat sich das griechische Wort *agápe* durchgesetzt, das bis dahin inhaltlich wenig profiliert war. Diese Liebe geht über das alttestamentliche Gebot der Nächstenliebe in mehrfacher Hinsicht hinaus. Was mit *agápe*-Liebe gemeint ist, erschließt sich uns über den Hinweis: »*Wie ich euch geliebt habe*, so sollt auch ihr einander lieben« (Joh 13,34).

Die Liebe, die Jesus lebt, stellt keine Bedingungen wie etwa: Du musst ein Glaubensgenosse, ein Jude, ein moralisch einwandfreier Mensch sein; du musst etwas geleistet haben, dich meiner Liebe als würdig erweisen; du musst mir sympathisch sein, meinen ästhetischen, politischen und moralischen Überzeugungen nahestehen u. a. m. Agape ist *bedingungslose* Liebe.

Die Liebe, die Jesus lebt, fragt nicht danach, ob sie ihm nützt, ob sie erwidert wird, ob sie ihm gedankt wird, ob sie überhaupt wahrgenommen wird. Sie gilt dem Menschen als dem Menschen. »Sie sucht nicht das ihre« (1Kor 13,5). Sie versteht sich nicht als Leistung, die mich aufwertet. Agape ist *selbstlose* Liebe.

Jesus liebt nicht bedingungslos und selbstlos, weil es geboten ist, Gutes zu tun, religiöse Gesetze zu erfüllen, Vorbild zu sein, einer Pflicht nachzukommen, einen moralischen Standard zu halten, sich selbst etwas zu beweisen oder sich auszuweisen. Er erfüllt keine Liebesgebote, sondern lebt gleichsam aus der Fülle dieses Liebens. Die Grundhaltung dieses Liebens ist weder in unserer biologischen Natur angelegt noch kann sie durch kulturelles Bemühen erarbeitet werden. Sie kann uns nur wie ein Geschenk zufallen. Dies aber nicht »per Zufall«, sondern indem wir uns dieser bedingungslosen und selbstlosen Liebe öffnen, die uns in Jesus als die göttliche Liebe begegnet, und uns von ihr erfüllen und zu gleichem Tun stark machen und anstoßen lassen.

C. F. von Weizsäcker, Physiker und Philosoph, charakterisiert in seinen zwölf Vorlesungen über »Die Geschichte der Natur« die christliche Liebe/Agape als ein Neues und Anderes gegenüber allem, was der Mensch von Natur aus oder als Kulturwesen aus sich selbst hervorzubringen mag: »Was ist diese Liebe? Sie ist eine Verwandlung des Menschen bis ins Unbewusste hinein. Sie ist eine Verbindung der Einsicht mit dem Instinktiven, welche die vorher unmögliche Haltung zu Mitmenschen möglich macht. Die instinktiven Regungen des Menschen sind ihr Baumaterial. Sie baut aus diesem Material eine neue Gestalt. Auch im instinktiven Bereich sprechen wir von Liebe. Die Liebe zwischen Mann und Frau, die Liebe der Mutter zum Kinde sind Notwendigkeiten der menschlichen Natur. Sie sind stark und schön, aber ursprünglich sind sie blind. Die christliche Liebe ist sehend. Sie ist mit der Erkenntnis verbunden, und sie ist die Haltung, in der allein Erkenntnis gut ist. Sie ist zunächst kein Erlebnis, sondern ein Verhalten. Denken Sie an das Gleichnis vom Samariter ... Liebe ist eine Haltung der Seele, die sehend den Kampf ums Dasein aufhebt. Ist diese Liebe überhaupt möglich? Wie jede wahre, neue Möglichkeit kann sie aus dem, was vorher war, nicht abgeleitet werden. Der Wille kann aus eigener Kraft einzelne gute Taten tun, aber die Liebe kann er sich nicht geben. Aber wenn wir ihre Möglichkeit einmal erfahren haben, so bleibt in uns das, was Gewissen genannt wird. Wir wissen dann, dass wir ohne die Liebe das Entscheidende versäumen. Sie selbst kommt von der objektiven Möglichkeit, von Gott her, und wir erfahren sie, wenn sie kommt, als Gnade. Dass sie uns gegeben werden kann, ist der ganze Inhalt der christlichen Lehre von der Erlösung. Sie wird uns selten gegeben, ehe wir in der Verzweiflung über uns selbst um sie gebeten haben. ... Die christliche Liebe ist zwar eine Zuwendung zum Menschen, wie es sie vorher nicht gegeben hat. Diese Zuwendung will sie sein. Sie schafft aber zugleich eine Distanz zum instinktgebundenen Mitmenschen, wie es sie auch vorher nicht gegeben hat. Diese Distanz will sie nicht, aber sie kann sie nicht vermeiden. Die instinktive Liebe und der instinktive Hass sind gleichermaßen an ihre Partner gebunden. Die christliche Liebe sieht den anderen Menschen und ist ihm gegenüber eben deshalb frei. Fast jeder von uns hat aber einen Punkt, an dem er noch lieber blind gehasst oder durchschaut sein möchte. Die sehende Liebe stellt den Menschen, den sie sieht, durch ihre bloße Gegenwart vor eine Entscheidung. Deshalb trifft sie, wo sie nicht wieder Liebe erwecken kann, auf Widerstand.« Der Naturwissenschaftler denkt das auf seine Wissenschaft hin weiter: »Die wissenschaftliche und technische Welt der Neuzeit ist das Ergebnis des Wagnisses des Menschen, das Erkenntnis ohne Liebe heißt. ... Wenn aber Erkenntnis ohne Liebe in den Dienst des Widerstandes gegen die Liebe tritt, so rückt sie an die Stelle, die in den mythischen Bildern des Christentums durch den Teufel bezeichnet ist. Die Schlange im Paradies rät den Menschen zur Erkenntnis ohne Liebe.«

5 Jesus

5.1 Biographisches

5.1.1 Jesus – eine historische Person

Jesus ist weder ein Mythos noch die Erfindung einer jüdischen Sekte, sondern eine historische Person. Seine Existenz ist besser dokumentiert als die des Sokrates oder anderer Persönlichkeiten der Antike. Der jüdische Historiker Josephus (geb. 37/38), im jüdischen Krieg 67 von den Römern gefangengenommen und später freigelassen, hat sehr kundig vom Wirken Jesu und von seiner Hinrichtung durch den römischen Prokurator berichtet. Für den römischen Staat waren die Vorgänge um Jesus in einem Winkel des Reiches nicht der Rede wert. So haben wir von römischer Seite nur zwei Notizen über das Wirken und den Tod Jesu, und zwar in den Werken von Tacitus und von Sueton. Jesus hat keine schriftlichen Äußerungen hinterlassen, da sich seine Botschaft darauf richtete, die Nähe der Herrschaft Gottes auszurufen. Aber die Zeugnisse von Menschen, die er mit seiner Botschaft erreichte, sind reichhaltig. Sie wurden zunächst mündlich überliefert und später in den Evangelien und Briefen schriftlich festgehalten.

5.1.2 Biographisch Verbürgtes

Jesus wurde zwischen 6 und 4 v. Chr. im galiläischen Nazaret geboren. Seine traditionsbewusste Familie sah sich in der Geschlechterreihe des Königs David. Jesu Vater war Bauhandwerker. Jesus wahrscheinlich auch. Seine Muttersprache war aramäisch, aber er beherrschte wohl auch hebräisch und verstand die griechische Verkehrssprache seiner Zeit. Seine Bildung zeigt theologische Einflüsse der Pharisäer. Als Erwachsener hat er die Taufe von Johannes empfangen, die zur Umkehr rief.

Er selbst sah sich in der Nachfolge des Täufers Johannes. Im Alter von etwa 34 Jahren, im Frühjahr 29, begann er in Galiläa und in dessen nördlichen und östlichen Randgebieten als Wanderprediger öffentlich zu reden, und zwar hauptsächlich im nördlichen Umfeld des Sees Gennesaret. Er sammelte einen Jüngerkreis um sich, zu dem auch Frauen gehörten, gründete aber kein Lehrhaus. Sein öffentliches Wirken hat wohl kaum länger als ein Jahr gedauert.

Mit dem Ziel, angesichts der Nähe des Gottesreiches ganz Israel zur Umkehr zu rufen, zog er mit seinen Jüngern im Jahr 30 zum Passafest nach Jerusalem, wo sich alljährlich Pilger aus allen Teilen des Landes versammelten. Die jüdischen Religionsführer sahen in Jesu Botschaft, die auch den Tempel kritisierte, eine Störung der religiösen Ordnung und übergaben ihn mit dem Vorwurf der politischen Unruhestiftung dem römischen Prokurator. Dieser ließ ihn als politischen Aufrührer am 14. Nisan 30 auf römische Weise hinrichten.

5.2 Die Botschaft Jesu

5.2.1 Das Reich Gottes ist nahe

Jesus selbst hat sich in erster Linie als ein Prophet in der Tradition Israels verstanden, der eine Botschaft auszurichten hat. In Israels Kultur sind prophetische Botschaften keine zeitlosen Wahrheiten, sondern stets auf die Gegenwart und die unmittelbar bevorstehende Zukunft gerichtet. Sie sprechen nicht zeitlos über Gott, sondern von der Gegenwart Gottes in der aktuellen Lebenswirklichkeit. Das tun sie nicht in abstrakten Begriffen, sondern in den Vorstellungsformen und in den sprachlichen Gepflogenheiten der Menschen, denen die Botschaft gilt.

Zur Zeit Jesu lebte das jüdische Volk in der Erwartung, dass Gott der Herrschaft des Bösen und des Unrechts in der Welt ein Ende machen und eine neue Weltzeit heraufführen würde, nämlich Gottes Reich, Gottes Herrschaft. In diesen Erwartungshorizont trägt Jesus seine Botschaft ein. Nach dem ältesten Evangelium beginnt er sein öffentliches Wirken mit dem Satz: »Erfüllt ist die Zeit, und nahe gekommen ist das Reich Gottes« (Mk 1,15). In metaphorischer Rede lautet das so: »Ich sah den Satan wie einen Blitz vom Himmel fallen« (Lk 10,18). Das sagt: Der Kampf zwischen Gott und dem Satan/Bösen ist bereits entschieden. Die Macht des Bösen ist gebrochen. Gottes Herrschaft kann sich nun auch in unserer Welt zeigen, durchsetzen und für uns Menschen erfahrbar werden.

Das Ende der gegenwärtigen Weltzeit des Bösen erwartete Jesus noch innerhalb der Lebenszeit seiner Generation. Er ließ sich aber auf keinerlei Terminspekulationen über einen spektakulären Umbruch der Weltzeiten ein. Die Juden erwarteten den Anbruch der Gottesherrschaft in Gestalt einer kosmischen Katastrophe und verbanden damit auch die Hoffnung auf eine politische Befreiung von der römischen Besatzung. Im Gegensatz zu dieser allgemein jüdischen Erwartung kündigte Jesus eine Gottesherrschaft an, die sich ganz unspektakulär an, in und durch Menschen ereignen sollte. »Jesus sah seinen Auftrag darin, den Menschen die Möglichkeit zu geben, jetzt schon die andringende heilvolle Nähe der Gottesherrschaft zu erfahren und sich durch sie verändern zu lassen.« (J. Roloff)

5.2.2 Wo und wie sich Reich oder Herrschaft Gottes ereignen

Als der inhaftierte Täufer Johannes bei Jesus anfragen lässt, ob er es sei, der die erwartete Herrschaft Gottes bringe, antwortete er: »Erzählt Johannes, was ihr hört und seht: Blinde sehen und Lahme gehen, Aussätzige werden rein und Taube hören, und Tote werden auferweckt, und Armen wird das Evangelium (gute Botschaft) verkündigt« (Mt 11,4f). Jesus gibt zu verstehen, dass es bei der Herrschaft Gottes nicht um seine Person geht. Herrschaft oder Reich Gottes ereignet sich viel mehr in dem, was in Jesu Worten und Wirken aufscheint und in Gang kommt, nämlich uneingeschränkte und bedingungslose Liebe auch und besonders zu den religiös Verachteten, zu den Ausgestoßenen und Armen, ja selbst zu nichtjüdischen Menschen.

Jesus doziert weder über seine Person noch über Gott, sondern er konfrontiert seine Zeitgenossen in Wort und Tat mit jener Gotteswirklichkeit, die als bedingungslose Liebe erfahrbar wird und die Menschen zu gleicher Liebe befreit, ermutigt und stark macht. Davon künden die Heilungs- und Wundergeschichten. Darauf verweisen die Gleichnisse. Das bezeugen die Tischgemeinschaften Jesu mit Nichtjuden, Zöllnern und Sündern. All das verdichtet sich in dem Satz: »Das Reich Gottes ist mitten unter euch« (Lk 17,21). Reich Gottes geschieht als konkrete Lebenswirklichkeit, die Menschen durch die bedingungslose Liebe eröffnet wird. Auf die kindliche Frage, wo Gott wohnt, hat Rabbi Mendel von Kozk die unüberholbare kurze Antwort gegeben: »Dort, wo er (in Gestalt von Liebe) eingelassen wird.« Damit wird auf schlichte Weise gesagt, dass Gott keine objektiv erfassbare Größe ist, sondern nur als Ereignis erfahrbar wird.

5.3 Die Deutung der Person Jesu

5.3.1 Was Urteile über Jesus sagen

Die biblischen Texte, die von Jesus handeln, sind Zeugnisse der Begegnung mit ihm. Die Evangelien sind keine historischen Studien über Jesu Person. Sie sagen nur wenig Biographisches über ihn aus, aber sehr viel über das Verhältnis der Zeugen zu Jesus und zu dem, was er gesagt und gewirkt hat.

Auf die Frage, für wen ihn die Leute halten, erhält Jesus die Antwort: für Johannes den Täufer, für Elija, Jeremia oder einen anderen Propheten (Mt 16,14). Einige sagen, er stehe mit den Dämonen im Bunde (Mt 12,24) oder er sei ein Scharlatan, der seine Zauberei in Ägypten erlernt habe. Nach Markus 3,21 hielten ihn die eigenen Verwandten für verrückt. In alledem drücken Menschen ihr Verhältnis zu dem aus, was Jesus sagt, tut, fordert und verheißt. Das Verhältnis der Anhänger und Jünger zu Jesus artikuliert Petrus nach Matthäus 16,16 so: »Du bist der Messias, der Sohn des lebendigen Gottes.«

5.3.2 Was in den Würdenamen zum Ausdruck kommt

Jüdische Anhänger Jesu drückten ihr Verhältnis zu Jesus mit dem symbolischen Repertoire der jüdischen Religion aus. Nannten sie ihn »Messias/Gesalbter«, so sahen sie in ihm den erwarteten Erlöser, der die Zeit einer neuen Gerechtigkeit, der Freiheit, des Friedens und des Heils bringen würde. Bezeichneten sie ihn als »König« oder als »Davidsohn«, so verstanden sie ihn als den Messias-König jener Endzeit, der nach der Verheißung des Propheten Natan aus dem Geschlechte Davids hervorgehen sollte. Der Titel himmlischer und wahrer »Hohepriester« brachte mit dem Hinweis auf die Funktion des jüdischen Hohepriesters zum Ausdruck, dass man Jesus als den himmlischen Vermittler verstand, der das Volk von den Sünden und deren Folgen befreit. Die Bezeichnung »Opferlamm« erinnerte an die Nacht vor dem Auszug aus Ägypten und brachte den Gedanken der Befreiung aus der Knechtschaft durch fremde Mächte ins Spiel.

Geschichte geschrieben hat der Titel »Sohn Gottes«. In der jüdischen Religion galten Israels Könige und das Volk Israel als Söhne Gottes und auch die einzelnen Juden als die Angehörigen des erwählten Volks. Mit »Sohn Gottes« war aber keine biologische Verwandtschaft bezeichnet. Zum Sohn Gottes wurde das Volk Israel durch Gottes Erwählung und die Könige wurden bei ihrer Inthronisation zu Söhnen Gottes ausgerufen. Zum Sohn Gottes wurden das Volk und der König allein durch einen göttlichen Akt, nämlich durch Adoption. In diesem Sinn sah man auch den Menschen Jesus als von Gott adoptiert an, nämlich mit Gottes Geist erfüllt und damit beauftragt, diesen Geist in Wort und Werk zu verkörpern und darin Gott zu offenbaren. Dieses Adoptionsverständnis wird in der Geschichte von der Taufe Jesu (Mk 1,9–11) klar ausgedrückt.

In der hellenistischen Kultur des Römischen Reichs verstand man unter einem »Sohn Gottes« den leiblichen Sohn eines Gottes mit einer Menschenfrau. Zeus z. B. hatte von vielen Menschenfrauen Kinder. Pythagoras und Platon galten als leibliche Söhne Apolls. Von Alexander dem Großen erzählt man sich, er sei der Sohn des Zeus, aber geboren aus einer Jungfrau. In den Geburtsgeschichten des Matthäus- und Lukasevangeliums haben sich diese hellenistischen Vorstellungen niedergeschlagen. Auch sie verkünden keine biologischen Fakten; sie sind die symbolisch-poetische Ausdrucksform, mit der die herausragende Besonderheit, die Autorität, der göttliche Geist und der Auftrag eines Menschen hervorgehoben werden.

5.3.3 Die Vergöttlichung Jesu

In vielen altorientalischen Kulturen galten die Herrscher als Mensch gewordene Götter oder als vergöttlichte Menschen. In Ägypten galt der Pharao als die irdische Manifestation des Horus, später auch als Sohn des Sonnengottes Re. In Rom wurden erstmals Cäsar (100–44 v. Chr.) göttliche Ehren zu Lebzeiten zuteil. Nach seinem Tod wurde er zum Gott erhoben. Unter Kaiser Diokletian († 305) wurde die Herrschaftsformel »*Dominus et Deus*/Herr und Gott« sogar zum offiziellen Herrschertitel. Die Vergöttlichung der Herrscher gehörte in frühchristlicher Zeit innerhalb der römisch-hellenistischen Kultur zur Normalität.

Im Bereich dieser Kultur sind Tendenzen zur Vergöttlichung Jesu bereits in den Briefen des Apostels Paulus und in den Evangelien festzustellen. Die Titel »*kýrios*/Herr« und »*sotér*/Retter, Heiland« werden dem weltlichen Herrscherkult gleichsam enteignet und Jesus zugesprochen, um ihn als den Herrn aller Herrn und als den alleinigen Erlöser zu kennzeichnen. Im Johannesevangelium (100–120 n. Chr.) ist die Vergöttlichung des irdischen Jesus bereits vollzogen. Hier wird er nicht erst nach seinem Erdenwirken, sondern bereits davor als Gott verstanden. Jesus erscheint hier als ein »über die Erde wandelnder Gott« (G. Theissen). In den theologischen Auseinandersetzungen des 4. und 5. Jahrhunderts um das angemessene Verständnis Jesu wird schließlich als Dogma festgeschrieben, dass Jesus »mit dem Vater wesensgleich« sei in seiner göttlichen Natur und dem Menschen wesensgleich in seiner menschlichen Natur (Konzil von Nicäa, 325). Er ist also wahrer Mensch und wahrer Gott. Wie das zu denken sei, ist selbst in den komplizierten Formeln der Trinitätslehre nicht zureichend geklärt worden. Die Vergöttlichung Jesu ist kein Gegenstand des christlichen Glaubens, sondern ein historisch überholter und heute kaum mehr nachvollziehbarer Versuch, in neuplatonischen Denkformen dem Ausdruck zu geben, was sich als Gotteswirklichkeit in ihm zeigt.

5.3.4 Aus Jesus von Nazaret wird der Christus der Kirche

In dem Maße, in dem man Jesus zum Gott erhob, wurde aus dem Verkündiger der anbrechenden Herrschaft Gottes der zu verkündigende Gott, also der Verkündigte. Nach Markus 10,17f, dem ältesten Evangelium, wird Jesus mit »guter Meister« angeredet und er weist hier noch diese Anrede zurück: »Was nennst du mich gut? Niemand ist gut außer Gott.« Innerhalb des Judentums galt es als todeswürdige Gotteslästerung, einem Menschen göttliche Würde zuzusprechen. Im Johannesevangelium, dem spätesten Evangelium, redet Thomas den eintretenden Jesus bereits unwidersprochen mit »mein Herr und mein Gott« (Joh 20,28) an.

Aufgrund seines Wirkens ist Jesus von den frühen Christen wohl als der verheißene Messias/Christus/Gesalbte verstanden worden. Der historische Jesus brachte sich aber selbst als Person nicht in den Vordergrund; er ging in seinen Worten und in seinem Tun auf. Zwar sah er sich als der Repräsentant, durch den die Herrschaft Gottes offenbar und erfahrbar wird, aber »es gibt tatsächlich keinen einzigen Beweis, dass Jesus einen der messianischen Titel, die ihm die Tradition anbot, für sich in Anspruch nahm« (G. Bornkamm). Für sich selbst hat Jesus diese Titel jedenfalls nicht benutzt. Die unmessianische Geschichte des historischen Jesus von Nazaret wurde erst im Licht des Osterglaubens zum messianischen Geschehen umgestaltet. Aus Jesus von Nazaret wurde der Christus der Kirche. Der Schwerpunkt der Verkündigung verschob sich von seinen offenbarenden Worten und Taten auf seine Person, die jetzt als solche Gott repräsentierte und offenbar machte. Was ursprünglich als Gotteswirklichkeit in Jesu Wirken erfahren worden war, wurde zum Faktenwissen über das Wesen Gottes.

Hatte Jesus dazu eingeladen, *mit* ihm zu beten, dass Gottes Reich geschehen möge: »Dein Reich komme. Dein Wille geschehe« (Mt 6,10), und zwar auch durch uns, so galt es jetzt, *zu* Jesus zu beten und ihn anzubeten. Die kultlose Lebensweise Jesu wurde von einem aufkommenden Jesuskult überlagert und schrittweise in eine vorchristliche Kultreligion umgewandelt, in die Jesus als Kultobjekt integriert wurde. Die kultlose Gottesherrschaft in Gestalt gelebter Liebe wurde zwar nicht ausgelöscht, aber doch in den Hintergrund gedrängt. An die Stelle des Lebens aus Gottes Geist trat ein Leben und Denken nach den Dogmen und Regeln der Kirche.

Höhepunkt und Zentrum dieser Rückbildung christlichen Glaubens zu einer vorchristlichen Kultreligion ist das Eucharistieverständnis, das sich in der römisch-katholischen Kirche durchgesetzt hat. Die Eucharistie ist (offiziell seit 1215) »Quelle und Höhepunkt des ganzen christlichen Lebens ... Sie enthält das Heilsgut der Kirche in seiner ganzen Fülle« (KKK 1324). Der Kern der Eucharistiehandlung ist die Konsekration der Elemente Brot und Wein durch den Priester, d. h. die kultische Verwandlung weltlicher Elemente in göttliche Substanzen (Transsubstantiation). Konsekration (von lat. consecratio/Heiligung, Vergöttlichung) war im Römischen Reich und dessen Götterkulten »jede Übergabe einer Sache oder eines Ortes an eine Gottheit unter Mitwirkung des Staates« (LAK 2) durch dazu autorisierte Personen. Dazu gehörte auch die Vergöttlichung (Apotheose) des Kaisers und damit dessen Aufnahme unter die Staatsgötter. Die Kulthandlung einer sich selbst legitimierenden Priesterschaft hat sich als Mittlerin des Göttlichen vor das unmittelbare Vertrauensverhältnis gedrängt, zu dem Jesus mit seinem Leben und Wirken aus dem Geist und im Vertrauen auf die bedingungslose Liebe ermutigt hat.

5.4. Welcher Jesus gilt?

Es ist unergiebig, Entwicklungen zu bedauern und zu kritisieren. Geschichte, auch Geschichte des christlichen Glaubens, entwickelt sich nach Gesetzen und unter Bedingungen, die wir uns nicht aussuchen können. Jede Aneignung eines Textes und jede Annäherung an eine Person ist auch Deutung. In den christlichen Kirchen wird Jesus nach dem jeweiligen konfessionellen Paradigma gedeutet und vermittelt, das sich in der Geschichte herausgebildet hat. Das ist bei Großorganisationen, die ihre Identität wahren möchten, auch kaum anders denkbar. Jenseits von dogmatischen Unterschieden beziehen sich aber alle christlichen Kirchen auf die biblischen Texte als auf die Ur-kunde ihres christlichen Glaubens. Diese Texte sind heute in ausgezeichneten Übersetzungen für jeden zugänglich.

Christlicher Glaube hat wenig damit zu tun, an ein bestimmtes System von Dogmen oder an ein bestimmtes theologisches Konzept von Jesus zu glauben, das man »Christologie« nennt. Christlicher Glaube besteht darin, Jesu Impuls aufzunehmen, nämlich sich der an ihm erfahrbaren bedingungslosen Liebe zu öffnen und mit dem gleichen Vertrauen in die Tragfähigkeit dieser Liebe sie auch in unserer Welt zu wagen. Was wir und andere dabei erfahren, mag jede Zeit in ihren Bildern und Denkformen ausdrücken. Die alte Lichtmetapher sagt es zeitlos verstehbar so: »Das ewig Licht geht da herein, gibt der Welt ein' neuen Schein. Es leucht' wohl mitten in der Nacht und uns des Lichtes Kinder macht.« Wo durch vorbehaltlose Liebe menschliche Gleichgültigkeit, Selbstsucht, Vorurteile, Hass und Angst überwunden werden, da wird es im Umfeld dieses Geschehens in unserer Welt hell, da ereignet sich Reich Gottes.

6 Glaube

6.1 Klärung des Wortverständnisses

6.1.1 Der umgangssprachliche Gebrauch

Das Wort »Glaube« steht in der deutschen Sprache für viele Bedeutungen. Mit der Satzform: »Ich glaube, dass ...« drücken wir unterschiedliche Gewissheitsgrade von kognitivem Wissen aus: Ich weiß nicht genau – ich vermute – ich halte für wahrscheinlich – ich nehme fest an – ich halte für wahr.

Mit der Satzform: »Ich glaube *dir*/ich glaube *an deine* Fähigkeit, ein Problem zu lösen/ich glaube an die Kreativität des Menschen« drücken wir aus: Ich halte eine Person für vertrauenswürdig/ich traue ihr etwas zu. Unsere Wörter »Glaube« und »glauben« entstammen wortgeschichtlich dem personalen Bereich. Sie gehören in die Wortgruppe von »lieb« und meinen »lieb halten« im Sinne von »vertrauen«.

Gelegentlich wird mit »Glaube« auch die *Religion* bezeichnet. So in der Wendung: »Er gehört dem orthodoxen Glauben an.« In Verträgen wird Glaubensfreiheit oft mit Religionsfreiheit gleichgesetzt.

6.1.2 Die religiösen Bedeutungen

Die umgangssprachlichen Bedeutungen des Verbs »glauben« prägen unbewusst mit, was wir unter religiösem Glauben verstehen. Das führte und führt in der Verständigung über den christlichen Glauben immer wieder zu Verwirrungen. Deshalb müssen mindestens immer drei Verwendungsweisen klar voneinander unterschieden werden, nämlich:

1. Glaube als ein *Fürwahrhalten* von Aussagen über Gott und den Menschen. Die rationale Zustimmung zu bestimmten religiösen Vorstellungen bezeichnet die Glaubensüberzeugungen. Für diese *kognitive* Ebene von Glauben haben andere

Sprachen spezielle Begriffe: lateinisch: *opinio,* englisch: *belief.*
Deutsche Sprachform: ich glaube, *dass ...*

2. Glaube als Vertrauen *in* einen Menschen oder dessen
Fähigkeiten. Dieser *personale Glaube* ist ein Vertrauen, das
ich einem anderen entgegenbringe. Sprachform: Ich vertraue
dir/ich traue dir zu, dass ...

3. Glaube als *existenzielles* Vertrauen. Damit sind das
Vertrauen und die Zuversicht gemeint, auf die ich mein Leben gründe. Dieser Lebensgrund, aus dem und auf den hin
ich mein Leben gestalte, kann inhaltlich ganz Unterschiedliches sein: Erfolg, Macht, Karriere, Genuss, moralische Unta-
deligkeit, ein Leben nach den Vorschriften einer Religion
oder ein Leben im Sinne und aus dem Geist Gottes. Luther
sagte: »Worauf Du ... Dein Herz hängst und Dich verlässest,
das ist eigentlich Dein Gott.« Für dieses Vertrauen in die
mein Leben tragende Basis hat die lateinische Sprache den
Begriff *fides* und die englische den Begriff *faith.* Die entspre-
chende deutsche Sprachform lautet: »ich glaube *an ...*« Alle
in diesem Sinne existenziellen Formen des Vertrauens in ein
Grundprinzip des eigenen Lebens kann man als religiös bezeichnen, da sie das Ganze des Lebens, nämlich dessen Grund,
Sinn und Ziel betreffen. Die kognitiven und die personalen
Elemente spielen für den existenziellen Glauben unterschiedlich gewichtige Rollen.

6.1.3 Der nichtreligiöse Glaube der griechischen Philosophie

Im altgriechischen Götterglauben waren die Göttergeschich-
ten (Mythen) die Basis für den jeweiligen Götterkult und für
das Verhalten der Anhänger. Das gesamte Welterleben war
vom Wirken der Götter durchwaltet. Das menschliche Handeln war in dieses Wirken der Götter eingebunden. Was ver-
änderte sich an diesem Weltverständnis und an diesem Verhältnis zum Göttlichen, als die griechische Philosophie seit
dem 6. Jahrhundert v. Chr. eine eigenständige menschliche

Vernunft entwickelte, die ein Weltwissen ohne Rückgriff auf göttliches Wirken hervorbrachte?

Die Mythen und besonders die anthropomorphen Gottesvorstellungen wurden mit rationalen und logischen Argumenten scharf kritisiert. Das Modell einer natürlichen und einer übernatürlichen Welt wurde allerdings beibehalten und ins Philosophische übersetzt. Platon (427–347 v. Chr.) hat das Zweiwelten-Modell entwickelt, das im Abendland mehr als zwei Jahrtausende wirksam geblieben ist. Danach gibt es eine Welt der Ideen und eine Welt des Körperlichen. Die Ideen sind die Urbilder aller körperlichen Realität. Die vergänglichen Gegenstände der für uns wahrnehmbaren Welt sind Abbilder und Nachbildungen der unvergänglichen Ideen, die das wahre Sein darstellen. Wir Menschen haben in die Welt der Ideen deshalb Einblick, weil unsere Seele sie in einem früheren jenseitigen Dasein (Präexistenz) geschaut hat. Menschliches Erkennen ist demnach ein Wiedererinnern der in den Ideen vorgegebenen objektiven und wahren Wirklichkeit.

In Platons Modell ist die Idee des Guten das Zentrum, der Ursprung und das Ziel allen Seins. Diese platonische Idee des Guten entspricht der Vorstellung eines höchsten Gottes, der von Platon freilich strikt nichtpersonal gedacht wurde. In der hellenistischen Kultur der folgenden Jahrhunderte hat sich Platons zentrale Idee des Guten in vielfältigen Varianten mit den Logos-Spekulationen der Stoa und mit jenen philosophisch-religiösen Strömungen der antiken Welt verbunden, die den Weltlogos mit dem Göttlichen gleichgesetzt haben. Ihnen allen ist gemeinsam, dass sie ihr Bemühen darauf richteten, das zu erkennen, was der Urgrund des Seins und auch des menschlichen Lebens ist. Aus dem, was man erkannt hat, waren die Konsequenzen für das persönliche Leben zu ziehen.

In diesem Weltverständnis ging es nicht darum, sich darauf einzulassen, auf eine bestimmte Weise Mensch zu sein. Das eigene Verhalten war nur aus der richtigen Welterkenntnis abzuleiten. Damit rückte die *richtige Lehre* über die Welt in den Vordergrund. Das Weltverständnis im Sinne von *opinio/ belief* entschied über das Weltverhalten. Das Weltverständnis, das ich für wahr halte, sagt mir, wie ich zu leben habe. Glaube kann in diesem Denken allenfalls als jene Gewissheit verstanden werden, die ich aus dem Vertrauen auf das Gewusste beziehe.

6.1.4 Glaube im Alten Testament

Im Alten Testament begegnet uns ein ganz anderes Verhältnis zum Göttlichen als im Götterkult und in der Philosophie der Griechen. Die griechischen Kulte regelten ihr Verhältnis zu den Göttern in ihren Kultpraktiken. Ein persönliches Vertrauensverhältnis zu den Kultgottheiten war nicht erforderlich. Für die griechische Philosophie war das Göttliche ein Gegenstand des Wissens und enthielt ebenfalls kein Element eines persönlichen Verhältnisses.

Im Alten Testament drückt sich das Verhältnis zu Gott im Gedanken eines Bundes aus. In diesem Bund, den Israels Gott Jahwe mit seinem erwählten Volk Israel schließt, verpflichtet sich Gott, stets treu zu seinem erwählten Volk zu stehen. Das Volk verpflichtet sich dazu, »dem HERRN zu folgen und seine Gebote, seine Ordnungen und seine Satzungen zu halten mit ganzem Herzen und von ganzer Seele« (2Kön 23,3). Das Alte Testament hat kein Substantiv für »Glaube« ausgebildet. Das Gottesverhältnis wird hier stets verbal als ein Geschehen zum Ausdruck gebracht. Die Treue zum Bund als Vertrauen zu Gott hat sich als täglicher Gehorsam gegenüber den Geboten und Ordnungen zu bewähren, die in den fünf Büchern Mose (Tora) niedergelegt sind. In der Volksfrömmigkeit konnte das Vertrauen in Gottes Bund freilich zum Vertrauen in das Halten der religiösen Gebote verflachen und damit den Gehorsam gegenüber dem Gesetz zum Inhalt des Glaubens aufwerten. Der Glaube der jüdischen Gemeinde stellte sich zur Zeit

Jesu weithin als Gehorsam gegenüber den religiösen Gesetzen dar.

6.2 Christlicher Glaube in der Geschichte

6.2.1 Der Glaube Jesu

Der Gesetzesgehorsam spielt in Jesu Verhältnis zu Gott keine Rolle. Er wird sogar in vielen Streitigkeiten mit den jüdischen Schriftgelehrten und Pharisäern abgewertet: »Der Sabbat ist um des Menschen willen geschaffen, nicht der Mensch um des Sabbats willen« (Mk 2,27). Jesus lebt, redet und wirkt aus der Einheit mit Gott. Sein Glaube als das Vertrauen in Gottes heilende Gegenwart äußert sich in seinem Mut, in einer Welt der Gewalt, der Angst und Unterdrückung die Herrschaft Gottes als ein Geschehen der Liebe auszurufen und im eigenen Tun bereits zu verwirklichen.

6.2.2 Der Glaube an Jesus

Einen Glauben an seine Person hat Jesus weder gefordert noch entgegengenommen. Erst im Osterglauben entstand das Bekenntnis zu Jesus als dem verheißenen Bringer und Träger unseres Heils. Der Glaube *an* Jesus erwuchs aus der Erfahrung, dass der am Kreuz Getötete sich im Leben seiner Anhänger als der Impuls und die Kraft zu schenkender Liebe erwiesen hat. Das drückte sich in der Gewissheit aus, er sei der von den Juden erwartete Messias. Dazu gibt es schon in den drei älteren Evangelien erste Hinweise. Im Johannesevangelium (100–120) finden wir bereits die Formulierung: »Wer an mich glaubt, glaubt nicht an mich, sondern an den, der mich gesandt hat« (Joh 12,44). Selbst dort, wo der Verkündiger zum Verkündigten geworden ist, geht es aber nicht um den Glauben an seine Person, sondern um das göttliche Geschehen (Herrschaft/Reich Gottes), das durch ihn als ein erfahrbar heilendes Geschehen in unsere Welt gekommen ist. Glaube (*faith*) bedeutet hier, sich mit dem eigenen Leben der Tragkraft der göttlichen Liebe anzuvertrauen. In seinen Briefen hat der Apostel Paulus Jesu Leben und Sterben als das große Geschenk beschrieben, das uns zum Tun der Liebe nicht nur anstößt, sondern ermutigt, stärkt und befreit. Christlicher Glaube besteht darin, sein Vertrauen auf diese durch Jesus erschlossene Lebensmöglichkeit zu setzen.

6.2.3 Der jüdisch-urchristliche Vertrauensglaube wird hellenisiert

Bereits im 2. Jahrhundert bemühten sich die ersten christlichen Theologen, den christlichen Glauben als die wahre und vollkommene Philosophie darzustellen. In dem Bemühen, sich innerhalb der philosophischen Strömungen zu profilieren und verständlich zu machen, wurde der christliche Glaube aus einem Akt des Vertrauens zu einer »Weise der Wahrheitserkenntnis« umgebildet. Jesus wurde als der Lehrer der Weisheit verstanden, der uns die Wahrheit über Gott, über die rechte Liebe und über ein tugendhaftes Leben kundgetan hat. In diesem Jesusverständnis stellte sich der Glaube als ein Fürwahrhalten dieser durch Gott verbürgten Lehren dar. Diese göttlichen Lehren sah man in den göttlichen Schriften niedergelegt. Sie durften bald nur noch von kirchlichen Autoritäten ausgelegt werden. Christlicher Glaube wurde zunehmend darauf beschränkt, die kirchlich verwalteten Glaubenslehren gehorsam und widerspruchslos anzunehmen.

6.3 Die Ausformung von drei Glaubenstypen

6.3.1 Der orthodoxe Typus

Im Mittelalter bildeten sich in Ost und West unterschiedliche Glaubensverständnisse heraus. Die orthodoxen Kirchen des Ostens versuchten, die Einheit von Glaubensleben und Glaubenslehren in der Weise zu wahren, dass sie die Inhalte und den Vollzug des Glaubens als Heilsdrama in der gottesdienstlichen Liturgie zusammenführten. Das Glaubensleben des orthodoxen Christen konzentriert sich auf die Teilnahme am Kultgeschehen. Das drückt sich auch in der Selbstbezeichnung »orthodox« aus. Das Wort »orthodox« ist zusammengesetzt aus gr. *orthós*/richtig, recht und gr. *dóxa* in der Doppelbedeutung von Lehre und Lobpreisung. Die Orthodoxie versteht ihren Glauben als die rechte Lobpreisung Gottes aus dem rechten Verständnis des dreieinigen Gottes. Die Lehre vom dreieinigen Gott ist das einzige Dogma der orthodoxen Kirche.

6.3.2 Der römisch-katholische Typus

Im Westen gab Augustins (354–430) Unterscheidung von Glaubensinhalt (*belief*/*fides quae creditur*) und Glaubensakt (*faith*/*fides qua creditur*) die Richtung vor, in der sich das Glaubensverständnis entwickelte. Seit Papst Gregor dem Großen (590–604) wurde Glaube in erster Linie als der Glaube der Kirche verstanden, und zwar mit der Begründung, dass der Kirche das göttliche Heil und die göttliche Wahrheit anvertraut worden seien. Der Glaube des Einzelnen bestand fortan darin, die Heilshandlungen der Kirche anzunehmen und den von der Kirche verwalteten göttlichen Wahrheiten in demütigem Gehorsam zuzustimmen. Diesen Glaubensakt der Zustimmung zu den Lehren der Kirche verstand der maßgebliche Kirchenlehrer Thomas von Aquin (1224–1274) nicht als Einsicht aus menschlicher Vernunft, sondern als eine von Gott eingegossene Tugend (*fides infusa*). Nach Thomas ist die so gewonnene »Gewissheit durch das göttliche Licht größer als [die] durch das Licht der natürlichen Vernunft«. Die Konzile der römisch-katholischen Kirche haben dieses kognitivistische Glaubensverständnis (ich glaube, dass ...) in Dogmen festgeschrieben und als göttliche Wahrheit verbindlich gemacht. Das geltende Glaubensverständnis der römisch-katholischen

Kirche ist im 1993 erschienenen »Katechismus der Katholischen Kirche« (KKK) zusammengefasst worden. Papst Johannes Paul II. hat diesen Weltkatechismus als »sichere Norm für die Lehre des Glaubens« und als »authentischen Bezugstext für die Darlegung der katholischen Lehre« der Öffentlichkeit empfohlen. Danach ist christlicher Glaube so zu verstehen:

– »Glauben ist ein kirchlicher Akt. Der Glaube der Kirche geht unserem Glauben voraus, zeugt, trägt und nährt ihn. Die Kirche ist die Mutter aller Glaubenden.« Der katholische Theologe G. Hasenhüttl stellt klar: »Kirche meint natürlich nicht die Glaubensgemeinschaft, sondern die hierarchische Institution, die allein den Sinn der Glaubenssätze festlegt.«

– »Wir glauben alles, was im geschriebenen oder überlieferten Wort Gottes enthalten ist und was die Kirche als von Gott geoffenbarte Wahrheit zu glauben vorlegt.«

– »Wir glauben wegen der Autorität des offenbarenden Gottes selbst, der weder sich täuschen noch täuschen kann.« Die Wahrheit des Glaubens wird nicht durch die Inhalte begründet, sondern durch die Autorität Gottes und der Kirche, denn:

– »Die Aufgabe, das Wort Gottes verbindlich auszulegen, wurde einzig dem Lehramt der Kirche, dem Papst und den in Gemeinschaft mit dem Papst stehenden Bischöfen anvertraut.«

– »Durch den Glauben ordnet der Mensch seinen Verstand und seinen Willen völlig Gott unter.«

In dieser zirkulären Argumentation wird christlicher Glaube primär als die gehorsame Zustimmung zu jenen göttlichen Lehrinhalten definiert, die das kirchliche Lehramt in Gestalt des Papstes zu glauben vorlegt und über deren Verständnis in letzter Instanz wieder der Papst entscheidet. Die formale Autorität Gottes ist zwar der Glaubensgrund, aber der Glaubensvollzug wird an die Autorität des Papstes gebunden und erfordert Zustimmungsgehorsam bis zum *sacrificium intellectus*/Opfer des Verstands.

6.3.3 Der protestantische Typus

Die Reformatoren haben gegenüber dem Glauben als Für-wahrhalten *(belief)* das biblische Grundverständnis des Glaubens als ein existenzielles Vertrauen *(faith)* wieder ins Zentrum zurückgeholt. Es geht im christlichen Glauben nicht um metaphysische Spekulationen über Gott, sondern um das Vertrauen in ein Leben, das – wie bei Jesus – von der Kraft der Liebe getragen wird. Christlicher Glaube ist keine Option für eine bestimmte Vorstellung von und für ein bestimmtes Wissen über Gott; es ist das Wagnis eines Lebens, in welchem Gott als die sich schenkende Liebe wirklich wird. Es ist ein Glaube, in dem Gott als das höchste Sein außerhalb meiner Person nicht nur gedacht wird, sondern in mir und durch mich geschieht und eben darin als sich schenkende Wirklichkeit gegenwärtig ist. In diesem Glauben existiert Gott nicht vorab als ein zustimmungspflichtiges geistiges Konstrukt; er erweist sich vielmehr im Gehen jenes Lebensweges, der uns durch Jesus von Nazaret eröffnet und vorgelebt wurde. Bertolt Brecht deutet das so an: »Einer fragte Herrn K., ob es einen Gott gäbe. Herr K. sagte: ›Ich rate dir nachzudenken, ob dein Verhalten je nach der Antwort auf diese Frage sich ändern würde. Würde es sich nicht ändern, dann können wir die Frage fallen lassen.‹« Christlicher Glaube spielt sich nicht im metaphysischen Denken, sondern als Wagnis eines Lebens ab, in dem ich mich als Liebender existenziell aufs Spiel setze.

6.4 Nähere Bestimmungen des Glaubens

6.4.1 Glaube und Wissen

Christlicher Glaube braucht kein Vorabwissen über Gott. Ein Vorabwissen über Gott legt die Vorstellung nahe, dass Glaube darin besteht, sich für eine bestimmte Gottesvorstellung zu entscheiden, dieser Gottesvorstellung zuzustimmen und der Autorität zu gehorchen, die für die Wahrheit dieser Gottesvorstellung garantiert. Dieser auf ein Vorabwissen gegründete Glaube verstellt den Zugang zu jener Ebene, in der sich *christlicher* Glaube ereignen kann. Was wir von Gotteswirklichkeit wissen können, das ist in persönlichen Erfahrungen nur dort zu gewinnen, wo wir Liebe selbst erfahren und anderen Liebe schenken können.

6.4.2 Glaube und Dogmen

Dogmen, die ein vermeintliches Faktenwissen über Gott festschreiben, entsprechen nicht dem christlichen Glauben, denn der Gott, den Jesus als Liebe offenbar gemacht hat, erschließt sich nur dem, der sich mit seiner ganzen Person dieser Gotteswirklichkeit öffnet und sich von ihr leiten lässt. Eine christliche Gemeinschaft kann allenfalls *Bekenntnisse* formulieren, in denen sie zu aktuellen Streitfragen ihre Position klar zum Ausdruck bringt. Christlicher Glaube lässt sich weder als Option für bestimmte Gottesvorstellungen, noch als Zustimmung zu Satzwahrheiten, noch als Gehorsam gegenüber einer angenommenen Autorität gewinnen oder verrechnen. Das alles liegt im Bereich kognitiven Fürwahrhaltens und bedeutet nur Meinung/*opinio/belief*. Christlicher Glaube als Lebensweg (*fides/faith*) betrifft meine Existenz als ganze. Er besteht darin, die Lebensmöglichkeit zu wagen, die in der Person Jesu als Gotteswirklichkeit und damit als das Wesen Gottes offenbar geworden ist.

6.4.2 Glaube und Erfahrung

Die Welt des Menschen ist eine Welt der Erfahrungen. Erfahrungen sind nur im Rahmen dessen möglich, was wir über unsere Sinne wahrnehmen. Erfahrung entsteht, wo wir uns unserer Wahrnehmungen bewusst werden, sie unserem Leben zuordnen und sie darin zu verstehen suchen. I. Kant charakterisiert die Erfahrung als das erste Produkt unseres Verstandes.

In der religiösen Erfahrung erfassen wir den Sinn dessen, was wir wahrnehmen, in seiner Deutung und Relevanz für unser Leben. Auch zu der Wirklichkeit, für die unser Wort »Gott« steht, haben wir keinen anderen Zugang als über die Möglichkeiten unserer Erfahrung. Anders gesagt: Wir können Gott nicht *an sich* erfassen, sondern nur jene Gotteswirklichkeit, die sich in unserer menschlichen Lebenswirklichkeit als erfahrbar manifestiert. Äußerungen über Gott, die keiner menschlichen Erfahrung entsprechen, bleiben Spekulationen.

Nun lassen sich viele Erfahrungen als »göttlich« oder als Begegnung mit Gott deklarieren: ozeanische Erlebnisse in mystischer Versenkung, in Meditation oder bei Sauerstoffmangel, ekstatische Zustände, Rauschzustände durch Drogen, Sex, Allmachtsgefühle, Erlebnisse des Sieges, des Erfolges u. a. m. Die Gotteswirklichkeit, auf die sich *christlicher* Glaube bezieht, ist in Jesus von Nazaret in Gestalt einer Liebe, die sich ohne Bedingungen schenkt, in unseren Erfahrungshorizont getreten. Von *dieser* Gotteswirklichkeit sprechen Christen, wenn sie vom christlichen Glauben reden. Sie sprechen also nicht *über* Gott als über eine benennbare Größe, sondern *von* Gott als der Wirklichkeit, in der ihr eigenes Leben gründet und die ihr Handeln prägt. Mit allgemeinen Annahmen über Gott, über das Jenseits und die Ewigkeit hat das nichts zu tun.

Wer sich dieser Gotteswirklichkeit öffnet, der erfährt sie als ein Geschenk, denn über die uns widerfahrene Liebe verfügen wir nicht, und auch die Kraft, bedingungslose Liebe an andere weiterzugeben, haben wir nicht aus uns. Mit Gotteswirklichkeit meinen Christen nicht ein Seiendes, das jenseits von uns irgendwo im Jenseits für sich existiert. Mit Gotteswirklichkeit umschreibt der christliche Glaube das Geschenk, unser Leben aus der Grundhaltung der Liebe gestalten zu können. Die Erfahrung sagt auch, dass damit kein Dauerzustand beschrieben wird, den man fortan *hat*. Christlicher Glaube ist das Vertrauen darauf, dass uns die bedingungslose Liebe, die wir an uns erfahren, *aktuell* zu gleichem Tun stark macht.

6.4.3 Glaube und Sprache

Glaube als Erfahrung von Gotteswirklichkeit wird sagbar und mitteilbar in Sprache. Die menschliche Sprache hat sich im Bereich unserer Sinne in der Auseinandersetzung mit den Gegenständen dieser Welt entwickelt (vgl. 1.1.5). Wollen wir Ungegenständliches sprachlich ausdrücken, so müssen wir metaphorisch oder symbolisch reden, indem wir Gegenständliches in einem uneigentlichen Sinn verwenden. Das gilt, wie die Poesie zeigt, bereits für ungegenständliche weltliche Bereiche. Die Sprache der Religion und auch des christlichen Glaubens ist grundsätzlich eine Sprache des Symbols und der Metapher, weil die Gotteswirklichkeit, die sie anzudeuten sucht, zwar im Bereich unserer Wahrnehmungsmöglichkeiten erfahrbar werden muss, aber selbst nicht weltlicher Natur ist. Bereits die Bekenntnisformulierungen der alten Kirche hat man als »Symbola« bezeichnet. Das konnte leider nicht verhindern, dass sie in der Volksfrömmigkeit und auch in manchen theologischen Konzepten als Faktenaussagen über Gott verstanden wurden.

Alle sprachlichen Äußerungen zur Gotteswirklichkeit sind im Weltverständnis der jeweiligen Sprache und im geistigen Kontext je ihrer Zeit verfasst. Eine objektive Sprachform, in der Glaubenswirklichkeit zeitlos und für alle Menschen gültig formuliert werden könnte, gibt es nicht und kann es nicht geben. Die menschlichen Sprachen sind und bleiben die kultur- und zeitgebundenen Möglichkeiten, uns der Gotteswirklichkeit bewusst zu werden, uns ihrer zu vergewissern und sie einander metaphorisch zu verdeutlichen. Sprachliche Formu-

lierungen bleiben immer nur Verständnishilfen zum Glauben;
sie sind kein Gegenstand des Glaubens.

6.4.4 Glaube und Kult

Im Kult treten menschliche Gemeinschaften mit ritualisierten
Handlungen in Beziehung zu übernatürlichen Mächten oder
Gottheiten. Kult begegnet uns in allen Religionen, in denen
man sich die Realität des Göttlichen dinglich oder personal
vorstellt. Das Gegenbeispiel ist der frühe Buddhismus. Er
schließt die Vorstellung eines Schöpfergottes aus und kennt
daher auch keinen Kult. Selbst bei den Propheten des Alten
Testaments, die theistisch dachten, meldete sich deutliche
Skepsis gegenüber dem üblichen Kult.

Bei Jesus von Nazaret sind keinerlei Ansätze für einen Kult
zu erkennen. Er suchte zwar Synagogen auf, um dort seine
Botschaft vom Reich Gottes zu verkündigen, aber er beteiligte
sich nicht an kultischen Handlungen. Sein Verhältnis zum Kult
drückt sich in der Zeichenhandlung von der Reinigung des
Tempels in Jerusalem aus, nach der er die Geldwechsler und
Käufer wie Verkäufer von Kultobjekten aus dem Haus des
Gebets verjagte (Mk 11,15). Für seine Person wies er bereits
den Versuch zurück, ihn als gottgleich zu verstehen: »Was
nennst du mich gut? Niemand ist gut außer Gott« (Mk 10,18).
Zu Kulthandlungen hat er weder Anlass noch Anstöße gegeben.

Die kultlosen Gottesdienste der frühen Gemeinden brach-
ten den Christen sogar den Vorwurf des Atheismus ein, da im
Römischen Reich eine kultlose Religion nicht denkbar war.
Kultische Praktiken konnten bei Christen erst im Zuge der
Vergöttlichung Jesu nach seinem Tod in den Blick kommen.
Als die christliche Kirche vom Staat als Religion anerkannt
und 380 sogar zur Reichskirche erklärt wurde, drangen vorchristliche und höfische Kultpraktiken von vielen Seiten in
das Gemeindeleben ein. Erst in dieser Phase ist der christliche

Glaube wieder in eine antike Religion zurückgebildet worden. Dieser Vorgang vollzog sich in verblüffender Parallele auch im Mahayana-Buddhismus, wo aus dem historischen Buddha eine Manifestation der Buddha-Wesenheit wurde, die einem Schöpfergott entsprach. Daraus entstand nicht nur ein ausgeprägter Buddha-Kult, sondern sogar ein ganzes Pantheon buddha-ähnlicher Gestalten, die in kultischen Handlungen wie Heilige verehrt und angerufen werden konnten.

Der christliche Glaube, der wesentlich in der Erfahrung und Teilhabe an der uns begegnenden göttlichen Liebe besteht, bedarf keines Kults. Für die Versammlungen der Gemeinden können und müssen jene kulturell eingeführten Kommunikationsformen genutzt werden, die am besten geeignet sind, die Botschaft Jesu vom Wirklichwerden Gottes für uns, in uns und durch uns zum Ausdruck zu bringen. Dafür kann es wegen der Vielfalt der Kulturen und Sprachen und deren Entwicklungen keine weltweit und über die Zeiten hinweg verbindliche Norm geben.

6.6.5 Glaube und Werke

Christlicher Glaube ist nicht ein Glaube an religiöse Satzwahrheiten; er ist, wie Paulus sagt, ein »Glaube, der sich durch die Liebe als wirksam erweist« (Gal 5,6). Damit ist nicht ein Glaube *an* die Liebe gemeint, zu der der Mensch von sich aus fähig ist, sondern das Teilhaben an jener Liebe, die sich in Jesus manifestiert. Was aus dieser Liebe getan wird, das ist *gelebter Glaube*. Luther traute diesem Glauben zu, neue Dekaloge (Zehn Gebote) zu machen, die besser sind als die des Mose. Christlicher Glaube arbeitet also nicht moralische Forderungen ab, die in der Welt gelten. Gelebter christlicher Glaube erhält seine Maßstäbe aus dem Grundimpuls der empfangenen Liebe, ja er ist die Kraft dieser Liebe selbst und er erhält auch von ihr seine Freiheit des Handelns.

7 Schöpfung

Unsere Umwelt wird heute selbst in der Alltagssprache mit »Schöpfung« bezeichnet, und zwar besonders dann, wenn es um den Umgang mit ihr geht. Selbst Naturwissenschaftler, die davon überzeugt sind, dass unser Kosmos aus sich selbst entstanden ist, sprechen von »Schöpfung«, wenn sie an unsere Weltverantwortung appellieren. Inhaltlich sieht man zwischen den naturwissenschaftlichen und den religiösen Weltverständnissen einen unüberbrückbaren Gegensatz. Dort die Entstehung aus sich selbst, hier die Erschaffung durch einen göttlichen Schöpfer. Existiert dieser Gegensatz tatsächlich, und was bedeutet »Schöpfung« für den christlich Glauben?

7.1 Die biblischen Schöpfungstexte

7.1.1 Schöpfungsmythen

Alle Religionen haben Schöpfungsmythen. Sie geben Auskunft über das Woher, Woraus, Warum und Wohin des menschlichen Lebens. Schöpfungsmythen sind keine Erklärungen zur Entstehung der Welt; sie geben Antworten auf elementare religiöse Fragen, die unser Menschsein betreffen. Das tun sie in der Gestalt von Denkmodellen der jeweiligen Kultur, die oft den gesamten Kosmos samt seiner Entstehung einbeziehen. Schöpfer der Welt und des Menschen kann eine Göttergruppe sein oder ein Demiurg, ein besonderer Weltenbaumeister, oder im Monotheismus der eine und einzige Gott. Schöpfung bedeutet immer das Hervorgehen aus einer göttlichen Wesenheit. Sie hat den Charakter des Transzendenten und des Sakralen.

Die Art und Weise, in der der Weltschöpfer in die Welt eingeht, kann auf vielfältigste Weise vorgestellt werden: Selbstzerstückelung einer Gottheit, Selbstbegattung, Gestalten der

Welt mit den Händen, Schöpfung durch das Wort oder durch den göttlichen Gedanken. Die Entstehung der Gottheiten wird in den Schöpfungsmythen zwar oft, aber nicht immer erwähnt. Die geographischen und klimatischen Gegebenheiten bilden durchweg den Hintergrund für die Vorstellungsformen.

7.1.2 Die Wurzeln und Aussagen der Schöpfungsgeschichte von Genesis 1,1–24

Im Vorderen Orient lässt sich ein Urgewässer im Sinne eines ungestalteten und lichtlosen Chaosgewässers als die gemeinsame Anschauungsform des Urzustandes erkennen. Der geographische Hintergrund ist die jährliche Überschwemmung im Euphrat-Tigris-Gebiet. Die Anschauung und das Modell der Schöpfung aus einem chaotischen und lichtlosen Urgewässer haben deportierte Juden aus ihrem babylonischen Exil nach Israel mitgebracht. Das hat seinen Niederschlag in der Schöpfungsgeschichte von Genesis 1 gefunden. Die Schöpfung durch das Wort ist ebenfalls orientalischen Vorbildern entnommen. Spezifisch jüdisch ist die Überzeugung, dass die Schöpfung das Werk des einen und einzigen Gottes ist, zu dem sich Israel bekannte. Gegenüber dem babylonischen Schöpfungsmythos werden die Werke der Schöpfung anders eingeteilt. Sie werden in ein 7-Tage-Schema zusammengedrängt, damit der für die jüdische Religion so zentrale Sabbat bereits in der göttlichen Schöpfungsordnung verankert werden kann. Daran wird deutlich, dass es im Schöpfungsmythos von Genesis 1 nicht um eine naturkundliche Welterklärung geht, sondern um die Begründung religiöser Ordnungen. Dazu gehört auch, dass die Kosmogonie (Weltentstehung) in Genesis 1 weniger am Entstehungsprozess des Kosmos interessiert ist, als auf eine Anthropogonie (Entstehung des Menschen) hinausläuft und die zentrale Stellung des Menschen in der Welt verdeutlichen will. Dazu wird das Modell des damaligen Wissens über die Welt unbefangen benutzt. Die Elemente des altorientalischen Kosmogonie-Modells werden allerdings so eingesetzt, dass damit zugleich die Unterschiede zu Israels benachbarten Religionen hervortreten. So werden die Gestirne, die man in den benachbarten Religionen als Götter verehrt, zu profanen Leuchtkörpern deklassiert. Damit wird gesagt: Sonne, Mond und Sterne, von denen die Nachbarvölker ihr Schicksal bestimmt und gelenkt sehen, sind keine Gottheiten, zu denen wir aufblicken und die wir verehren müssten. Der Lauf der Welt, der Geschichte und auch unseres eigenen Lebens liegt allein in der Hand des einen und einzigen Gottes. Auch die Erde, die weithin als »Mutter Erde« verehrt wurde, wird von Gott zur profanen Natur erklärt. Er erteilt ihr den Auftrag, Lebewesen hervorzubringen. Die Gottheiten der Vegetation und der Fruchtbarkeit werden ebenso wie die Schicksalsgottheiten des Himmels entthront. Wie in den anderen mesopotamischen Religionen wird auch der Mensch erschaffen, aber nicht zur Entlastung und als Hilfe für die Götter, sondern als ein Gegenüber zu Gott. Das Verhältnis zu Gott ist kein Dienstverhältnis, wie in anderen Religionen, sondern ein Vertrauensverhältnis. Der Mensch hat nicht den Auftrag, den Göttern dienstbar zu sein, sondern die ihm anvertraute Natur zu pflegen und zu bewahren. Der menschlichen Zeugungskraft und Geschlechtlichkeit wird der sakrale Nimbus genommen, den sie in den orgiastischen Kulten und in den Praktiken der kultischen Prostitution haben.

7.1.3 Die Nachrangigkeit der Weltentstehungsmodelle

Die Schöpfungsgeschichte von Genesis 2,4ff veranschaulicht, dass die Modelle der Weltentstehung für die jüdische Religion nur austauschbare Hilfsvorstellungen sind. In Genesis 1 wird die Schöpfung aus dem wässrigen Urchaos gestaltet; in Genesis 2 setzt die Schöpfung bei der Vorstellung einer staubtrockenen Wüste ein. In Genesis 1 bleibt das den Kosmos umschließende Urmeer die ständige Bedrohung allen Lebens; in

Genesis 2 wird die aufbrechende Wasserquelle zum Leben fördernden Ereignis. In Genesis 1 schafft Gott durch sein Wort; nach Genesis 2 formt er wie ein Töpfer mit seinen Händen die Tiere und Menschen aus Ton. Die Erschaffung des Menschen gelingt ihm erst im zweiten Anlauf. Genesis 1 hat den gesamten Kosmos im Blick; Genesis 2 redet nur von der kleinen Lebenswelt des Menschen. Nach Genesis 1 ist der Mensch das Letzte der acht Schöpfungswerke. Er bildet gleichsam die Spitze einer Pyramide, Mann und Frau werden gleichzeitig und gleichwertig erschaffen. Nach Genesis 2 ist der Mensch in der Gestalt des Mannes das Erste der Schöpfungswerke, und um ihn herum wird seine Welt und sein Garten aufgebaut. Die Frau ist eine göttliche Zweitschöpfung aus der Substanz des Mannes. In diesen gegensätzlichen Details werden die unterschiedlichen kulturellen Traditionen spürbar und anschaulich. Genesis 1 spannt einen großen Bogen vom Chaos zum Kosmos. Die Darstellung ist nüchtern und systematisch; Genesis 2 erzählt naiv und unmittelbar, wie die Wüste um den Menschen herum zum Kulturland wurde.

Was lässt sich aus diesen Beobachtungen erschließen? Genesis 2 erweist sich als die ältere Geschichte. Gott wird noch sehr menschengestaltig vorgestellt. Die Erschaffung des Menschen und seines Gartens mitten in der Wüste bildet die Lebenserfahrung von Wüstenbewohnern ab, trägt also die Züge jener Zeit, in der die späteren Stämme Israels noch als Nomaden am Rande des Kulturlandes lebten. Die frische und unbefangene Erzählweise bestätigt das hohe Alter.

In Genesis 1 haben wir das hochreflektierte Produkt einer gebildeten Schicht auf der Höhe des naturkundlichen Wissens der Zeit um die Mitte des 1. Jahrtausends v. Chr. vor uns. Die Verfasser, die man in Priesterkreisen vermuten darf, kennen die Schöpfungsmythen der Schwemmlandvölker, mit denen sie vielleicht selbst im Exil Kontakt hatten. Sie nutzen diese Mythen, um mit deren Elementen das Profil von Israels Verständnis von Gott, Mensch und Welt zum Ausdruck zu bringen.

Die späteren Bearbeiter hatten offenbar keine Probleme damit, die ältere und so total andere Schöpfungsvorstellung neben die jüngere zu stellen, ohne sich dabei alternativ auf eines der beiden Weltentstehungsmodelle festzulegen. Das verdeutlicht, dass sie die Freiheit hatten, ihre religiösen Botschaften in unterschiedlichen naturkundlichen Vorstellungen zum Ausdruck zu bringen. Die Botschaft, dass wir uns in der göttlichen Wirklichkeit, der wir unser Leben verdanken, geborgen wissen dürfen, hängt nicht an einem zeitbedingten Modell von der Entstehung des Universums. Der Entstehungsprozess des Universums war nie der Inhalt eines Bekenntnisses. In den Glaubensbekenntnissen Israels ist auch nirgendwo vom »Glauben an den Schöpfer« die Rede.

7.1.4 Die Erfahrungen von Geschöpflichkeit im Neuen Testament

Im Neuen Testament und auch von Jesus werden Schöpfungsvorstellungen explizit nicht erwähnt; sie können aber im Sinne des Alten Testaments vorausgesetzt werden. In seinen Gleichnissen spricht Jesus vom Vertrauen in das erhaltende Wirken des Gottes, der uns geschaffen hat: Sorgt euch nicht um Essen, um Kleidung, um den morgigen Tag ... (Mt 6,25ff). Im Kommen des Reichs Gottes, das er verkündigt und in Gang setzt, sieht er den Willen des Schöpfers, mit Mensch und Welt zu seinem Ziel zu kommen. Das Neue Testament ist weder an naturkundlichen Modellen der Weltentstehung noch an einem besonderen Schöpfungsglauben interessiert. Die neutestamentlichen Texte handeln von den Erfahrungen, Verpflichtungen und Hoffnungen des Menschen, der sich seiner geschenkten Existenz bewusst ist. Sie sprechen von dem Horizont der Gottesherrschaft, in den wir als Geschaffene durch Jesu Botschaft gestellt sind.

7.2 Naturkundliche Weltmodelle wandeln sich

7.2.1 Das Weltverständnis der griechischen Philosophie
Israel hat sein religiöses Weltverständnis in einem Weltmodell artikuliert, das bereits in den polytheistischen Kulturen seiner Umwelt existierte. Alles Werden und Geschehen wurde aber auf den einen und einzigen Gott bezogen. Die mythologische Denkweise wurde beibehalten. Etwa zur gleichen Zeit, als in Israel die Schöpfungsgeschichte von Genesis 1 formuliert wurde (Mitte des 1. Jahrtausends v. Chr.), hat sich in Griechenland ein nichtmythisches Weltbild entwickelt. Gott wird hier nicht mehr anthropomorph, gegenständlich und als Person verstanden, sondern als ein Seiendes, das man sich als ungeworden, überzeitlich, abstrakt, transzendent, nichtgegenständlich und nichtpersonal vorstellte. Die Prädikate, die von der griechischen Philosophie dem höchsten Sein zugesprochen wurden, sind bis auf die Nichtpersonalität in die christliche Theologie integriert und zu Elementen des Glaubens gemacht worden. Die spekulativen Ansätze der griechischen Philosophie, die die Welt nicht von einem göttlichen Urheber herleiten, sondern sie aus sich selbst erklären, gaben auch Anstöße zu naturkundlicher Forschung.

7.2.2 Die Naturwissenschaft und die Gottesvorstellung
Mit der Wende vom 13. zum 14. Jahrhundert beginnen sich christliche Theologie und Philosophie als säkulares Wissen über die Welt voneinander zu trennen. Die Naturbeobachtung entwickelte bald eigene empirische Forschungsmethoden. Es ging jetzt nicht mehr um die Schau der Wahrheit um ihrer selbst willen, sondern um Naturerkenntnis. Der englische Philosoph Francis Bacon (1561–1626) erklärte, dass alles naturkundliche Forschen, Entdecken und Erfinden das Ziel habe, den Menschen nützlich zu sein. Die Mathematik wurde die Sprache der Naturwissenschaft.

In der Frage der Weltentstehung blieben die Naturwissenschaftler weiterhin bei einer monistischen Gottesvorstellung. Das Handeln dieses Gottes wurde aber zunehmend darauf beschränkt, die Welt geschaffen und in Gang gesetzt, sich dann aber aus ihr zurückgezogen zu haben. Dieses von Herbert von Cherbury (1581–1648) entwickelte Konzept, das man Deismus nennt, ist bis heute das Gottesverständnis vieler Naturwissenschaftler (vgl. 4.5.2). In der naturwissenschaftlichen Forschung galt und gilt es aber, die Welt ohne die Arbeitshypothese eines mitwirkenden Gottes zu erforschen und zu erklären.

7.2.3 Glaube und Naturwissenschaft treten in Konkurrenz

Martin Luther hat bei der Schöpfungsthematik die spekulativen Aussagen über Gott und sein Wirken als Schöpfer zurückgestellt und danach gefragt, was es für ein Leben bedeutet, ein Geschöpf zu sein, das seine Existenz nicht sich selbst, sondern einer es umgreifenden Wirklichkeit verdankt. Unter dem Einfluss der deterministischen Denkmodelle ist in den folgenden Jahrhunderten das Schöpfungsthema auf die Frage nach der Weltentstehung verkürzt und zum Streitpunkt zwischen Glauben und Naturwissenschaft geworden. Die zeitgenössische Theologie ist zwar sehr darum bemüht, die Konfrontation zu überwinden und nach den Möglichkeiten zu suchen, einen theistisch vorgestellten Gott innerhalb der naturwissenschaftlichen Denkmodelle von Welt mit den Weltprozessen in Kontakt zu halten. Dazu stellt der Physiker J. Schnakenberg fest: »Das Motiv für all die abenteuerlichen Versuche, Gottes Wirken in unserer Welt im Zufall oder in der Quanten-Unbestimmtheit unterzubringen, ist ein Gottesbild, in dem Gott in einem nicht-materiellen und physikalisch nicht erreichbaren Jenseits existiert, aus dem heraus er aber in die materielle Welt eingreift ... Immer wieder geraten wir bei solchen Versuchen in unauflösbar erscheinende Konflikte, aus denen wir verzweifelte Auswege versuchen. Ist es angesichts dieser Situation nicht vielmehr geboten, über das vorausgesetzte Gottesbild nachzudenken?« Und sehr persönlich fügt er hinzu: »Wer dennoch ein ... traditionelles Gottesbild zu einem integralen Bestandteil des christlichen Glaubens erklärt, nötigt damit die ohnehin kleine Minderheit von Naturwissenschaftlern, die sich überhaupt noch zu einem christlichen Glauben bekennt, ihren Glauben aufzugeben oder ihr Bewusstsein in einen christlichen und einen wissenschaftlichen Teil zu spalten oder gar eine elementare Aussage ihrer eigenen Wissenschaft nicht mehr ernst zu nehmen.« Kurz: »Ein Gottesbild, das die Vorstellung eines von außen auf unsere Welt einwirkenden Gottes enthält, ist mit ... einer elementaren und empirisch zweifelsfrei begründeten physikalischen Aussage unvereinbar.« Der Physiker spricht hier auch für die Mehrzahl deutschsprachiger Zeitgenossen, die sich von einer Kirche ausgeschlossen fühlen, welche ihre zeitgebundenen traditionellen Gottesvorstellungen, in denen christlicher Glaube in der Alten Welt zur Sprache gekommen ist, zum bleibenden Inhalt des Glaubens erklärt hat.

7.3 Klärendes

7.3.1 Wovon der biblische Schöpfungsgedanke handelt

Schöpfung im biblischen Verständnis bezieht und beschränkt sich nicht auf einen fiktiven Anfang der Welt, sondern bringt das menschliche Dasein in der Welt zur Sprache, und zwar als Geschenk und als Auftrag. Das gilt auch dann, wenn wir keinen konkreten Schenkenden und auch keinen Auftraggeber erkennen können. Das Staunen im Anblick des Sternenhimmels oder eines hochorganisierten Termitenhügels bleibt das Gleiche, ob ich dahinter einen Schöpfer vermute oder nicht. Auch die Verantwortung, die wir als bewusst handelnde Aktionspartner gegenüber den Lebensprozessen um uns

114

her haben, bleibt die gleiche, ob wir sie vor einem Schöpfer tragen oder »nur« im Blick auf eine Welt wahrnehmen müssen, in deren Prozess wir zunehmend eingreifen können. Die alttestamentlichen Schöpfungsgeschichten haben bewusstgemacht, dass die Erde ein uns nur anvertrautes Gut und kein Gegenstand egoistischer Ausbeutung ist. Angesichts der spürbaren Folgen menschlichen Naturmissbrauchs ist das auch säkularem Denken bewusst geworden. Der biblische Schöpfungsgedanke hebt ein wesentliches Element von Menschsein hervor, nämlich unser Mitsein als Handelnde in der unauflösbaren Lebensgemeinschaft mit vielfältigen anderen Lebensformen. Die weltweiten Auswirkungen selbstsüchtigen Handelns in den Strukturen von Gesellschaft, Politik und Wirtschaft zwingen uns heute jenseits aller Religionen und Ideologien dazu, dem persönlichen und den kollektiven Egoismen Grenzen zu setzen.

Der Schöpfungsgedanke ist ein Erbe der jüdischen Religion und in seinem auf den Menschen bezogenen Gehalt auch ein Element des christlichen Glaubens. Er wurde durch Jesu Botschaft insofern vertieft, als dem kreatürlichen Weltverhalten des Menschen die Möglichkeit eröffnet wurde, aus dem Impuls geschenkter Liebe zu handeln. Diese neue Lebensmöglichkeit besteht unabhängig davon, wie Welt und Mensch verstanden werden. Wo christlicher Glaube als ein Leben und Handeln aus selbstloser Liebe geschieht, da tritt Gotteswirklichkeit erfahrbar in unsere Welt und da geschieht jene Neuschöpfung, um die es in den Bitten geht: »Dein Reich komme. Dein Wille geschehe, wie im Himmel, so auf Erden.«

7.3.2 Wovon die Naturwissenschaften handeln

Es gibt nur *eine* Weltwirklichkeit. Die aber können wir nicht als solche und als ganze erfassen. Wir haben nur die Möglichkeit, sie aus unterschiedlichen Perspektiven in unterschiedlichen Hinsichten zu erfahren und zu befragen. Die Naturwissenschaften befragen die empirisch erfassbaren Phänomene unserer Welt von einem gewählten Standort aus mit bestimmten Methoden und nach bestimmten Regeln der Interpretation. Alle von den Naturwissenschaften vorgelegten Fakten sind interpretierte Fakten im Rahmen ihrer jeweiligen Vorgaben. Ihre Wahrheiten erheben nicht den Anspruch, absolut zu sein. Sie beziehen sich immer auf den jeweils vorgegebenen Interpretationsrahmen. Auch ihr Wissen ist menschliches und kein absolutes Wissen, da die Leitfragen und der gesamte Interpretationsrahmen von Menschen entworfen sind und von Menschen verändert werden können. Naturwissenschaftliche und theologische Aussagen über Wirklichkeit gründen beide in interpretierten Erfahrungen, allerdings innerhalb verschiedener Interpretationsrahmen. In jedem Interpretationsrahmen können nur Antworten erwartet werden, die innerhalb seiner Leitfragen möglich sind.

Die Frage nach der Entstehung von Welt fällt – grob gesagt – in den Forschungsbereich der Physik. Die Physik versucht, mit ihren Forschungsmethoden zu erklären, wie nach den uns heute bekannten Gesetzmäßigkeiten die Welt geworden sein könnte, und zwar ohne den Rekurs auf ein wie immer zu denkendes göttliches Wesen. Die gegenwärtigen Antworten, die hier nicht näher darzustellen sind, seien mit den Varianten der Theorie vom Urknall nur angedeutet.

7.3.3 Die eine Welt in unterschiedlichen Hinsichten

Naturwissenschaft und Theologie sind darin gleich, dass sie nur Aussagen innerhalb ihres Interpretationsrahmens machen können. Ihre Leitfragen sind von ganz unterschiedlicher Art, und ihre Methoden und ihre Sprache, die beide den jeweiligen Leitfragen entsprechen müssen, sind ebenfalls unterschiedlich. Die biblischen Schöpfungstexte fragen danach, was es bedeutet, in einer Welt, in die wir hineingeboren werden, Mensch zu sein und sich darin menschlich zu verhalten. Das drücken diese Texte in Modellen einer mythologischen Sprache aus, die dem jeweiligen Stand des Wissens von der Welt entsprechen. Die Physik fragt mit den heute bekannten Einsichten hinsichtlich der Gesetzmäßigkeiten des Naturgeschehens nach einer Erklärung für das Werden der Welt. Auch sie übersetzt ihre Erklärungen in anschauliche Modelle und interpretiert damit die Ergebnisse zu ihrer Leitfrage. Naturwissenschaft und Theologie gleichen sich wieder darin, dass sich beider Modelle, in denen sie ihre Leitfrage beantworten, ändern können und auch ändern. Das entwertet die Leitfragen nicht, lässt aber die Gestalt der Antworten als zeit- und kulturbedingt deutlich werden.

Der christliche Glaube kann keine Antwort auf die Sachfrage geben, wie die Welt entstanden ist. Insofern kann er mit der Physik gar nicht in Streit geraten. Die Physik ist nach ihrem Selbstverständnis umgekehrt nicht in der Lage, etwas darüber zu sagen, warum es überhaupt etwas gibt und nicht nichts, warum die Gesetzmäßigkeiten der Welt so sind, wie sie sind, warum wir existieren und was unsere Rolle als Menschen in dieser Welt ist. Für den christlichen Glauben ist es unerheblich, wie die Physik die Entstehung der Welt erklärt, und für die physikalische Erklärung der Welt ist es unerheblich, wie der einzelne Mensch oder eine Religion die Weltverantwortung des Menschen versteht. Der Christliche Glaube wird nicht durch die Physik und die Physik wird nicht durch den christlichen Glauben in Frage gestellt. Allerdings kommt auch der Physiker und Naturwissenschaftler um die persönliche und seine Existenz betreffende Frage nicht herum, aus welchen Quellen, wie und woraufhin er sein Leben als Mensch leben will: allein aus den Zwängen der menschlichen Natur oder auch aus dem Geist, der zur selbstlosen Liebe stark macht. Die Frage, wo theologische und naturwissenschaftliche Reflexionen einander überlappen oder ineinandergreifen, wird ein Diskussionsthema bleiben; sie berührt aber die Substanz gelebten christlichen Glaubens nicht.

8 Mensch

8.1 Klärendes

8.1.1 Der Mensch muss nach sich selbst fragen

Die Frage des Menschen nach sich selbst gehört zu den Charakteristika von Menschsein. Der Mensch ist das einzige unter allen Lebewesen, das sich seiner selbst bewusst ist und das sich die Frage stellen kann, wer er ist. Als einziges Lebewesen ist er sich auch seiner Endlichkeit bewusst. Da er in seinem Verhalten durch seine Natur nicht determiniert ist, muss er fragen, wer er ist angesichts der Vielzahl der Lebewesen und welchen Sinn sein Leben hat und wie er sich verhalten soll.

8.1.2 Der Mensch – das nicht bestimmbare Wesen

Die Frage, was oder wer der Mensch ist, ist so alt wie die Menschheit. Sie ließ und lässt sich freilich weder generell noch abschließend beantworten. In den Religionen und Kulturen der Alten Welt war der Mensch nur insoweit im Blick, als er ein Element im Nachdenken über den Kosmos war. Dabei konnten einzelne Charakteristika, die ihn vom Tier abhoben, als sein Wesen herausgestellt werden: das politische Lebewesen, das vernunftbegabte Tier, das sprachfähige Tier, das zu Gottesbeziehung fähige Wesen u. a. m.

8.1.3 Die Teilwissenschaften vom Menschen

Die wissenschaftliche Beschäftigung mit dem Menschen nennen wir Anthropologie (von gr. *ánthropos*/Mensch und *lógos*/Lehre). Es gibt aber nicht die *eine* Wissenschaft vom Menschen, sondern viele wissenschaftliche Forschungsansätze vom Menschen, die den Menschen aus unterschiedlichen Perspektiven betrachten und nach Antworten auf unterschiedliche Fragen suchen. Beispiele: Naturwissenschaftliche Disziplinen fragen, wie der Mensch in der Evolution entstanden ist, sich verbreitet und verändert hat. Sie fragen, wie er leiblich beschaffen ist und wie sein Organismus funktioniert. Gesellschaftswissenschaften fragen nach den Formen und Veränderungen menschlichen Zusammenlebens und nach wirtschaftlichem und politischem Verhalten. Psychologie und Kognitionswissenschaften untersuchen die inneren Vorgänge des Empfindens und Denkens. Sie alle kommen im Rahmen ihrer Leitfragen und ihrer Methoden zu anthropologischen Aussagen, die sich auf je ihr System beziehen und keine Totalaussagen über das Menschsein machen. Alle Aussagen, die der Mensch über sich selbst machen kann, sind von der jeweiligen Fragestellung bestimmt und können nur innerhalb des jeweiligen Konzepts Gültigkeit beanspruchen.

8.1.4 Die philosophische Anthropologie

Die philosophische Anthropologie nimmt die empirischen Forschungsergebnisse auf, versteht sich aber nicht als Einzelwissenschaft, sondern als eine universale Anthropologie, die den Menschen als Lebewesen in seiner Stellung und Beziehung zur gesamten Welt zum Thema hat. Da der Mensch aber nie in der Lage ist, sich objektiv und distanziert von außerhalb seiner selbst zu betrachten, gehen auch hier die Grundhaltung und die Perspektive des Betrachters in die Betrachtung ein.

8.1.5 Die gesamtbiblische Sicht auf den Menschen

Die Einzelwissenschaften, die sich mit dem Menschen befassen, blenden die Gottesfrage methodisch aus. Selbst dort, wo sie sich mit religiösen Phänomenen auseinandersetzen, beschränken sie sich darauf, religiöse Verhaltensweisen und Gottesvorstellungen zu untersuchen. Im christlichen Glauben geht es im Kern aber nicht um die Gottesvorstellung und um religiöses Verhalten, sondern um jene Gotteswirklichkeit, die menschliches Verhalten auslöst und prägt.

Die Bibel liefert keine allgemeine Anthropologie; sie spricht vom Menschen in seiner Beziehung zu Gott. Das geschieht nicht jenseits der menschlichen Lebensrealität oder von dieser abgehoben, sondern in den Denkformen und vor dem Hintergrund all dessen, was man in der jeweiligen Kultur vom Menschen und seiner Welt weiß. Sie sieht den Menschen von einer im Jenseits existierenden allmächtigen und allwissenden Person geschaffen, und zwar als ein persönliches Gegenüber in dieser Welt.

An der religiösen Leitfrage nach der Beziehung des Menschen zu Gott hat sich nichts geändert. Sehr wohl geändert haben sich die Anschauungsformen und Modelle, in denen Christen seit der biblischen Zeit in jeweils ihren Kulturen dieses Gottesverhältnis zum Ausdruck gebracht haben, um es im Weltverständnis ihrer Zeit verständlich zu machen. In den letzten Jahrhunderten hat sich vor allem das Gottesverständnis dramatisch verändert. Im deutschsprachigen Raum der Gegenwart kann sich nicht einmal mehr die Hälfte der Erwachsenen einen persönlichen Gott vorstellen. Aber Gotteswirklichkeit wird durch die menschlichen Vorstellungen von Gott nicht begründet; sie geht mit diesen auch nicht zugrunde, und zwar ebenso wenig wie Weltwirklichkeit daran hängt, ob sie überhaupt von Menschen gedacht und wie sie von ihnen vorgestellt wird. Gotteswirklichkeit muss in jeder Kultur und Zeit in jenen Ausdrucksformen zur Sprache gebracht werden, die im Weltverständnis der Zeitgenossen möglich und verstehbar und plausibel sind. Die weltweite Geschichte des christlichen Glaubens ist eine Geschichte der sprachlichen Transformationen. Die Transformation in die Sprache der gegenwärtigen Kultur muss auch heute geleistet werden.

8.1.6 Das jüdische Erbe

Der christliche Glaube hat mit dem jüdischen Gottesglauben vor allem zwei Elemente übernommen, die sein Menschenbild geprägt haben. Beide betreffen die Beziehung Gott – Mensch.

1. *Gott ist Schöpfer, der Mensch ist Geschöpf.* Damit ist ausgedrückt, dass wir uns in unserer Kreatürlichkeit einem Größeren, einer umfassenden Wirklichkeit verdanken, über die wir nicht verfügen. Da auch unsere Erdenwelt nicht ihr eigener Schöpfer ist, sondern Pflanzen und Tiere Geschöpfe sind, stehen wir als Menschen in einer Solidargemeinschaft der Geschöpfe. Nach der älteren Schöpfungsgeschichte (Gen 2) wird der Mensch in den Garten Eden gesetzt, »damit er ihn bebaue und bewahre« (Gen 2,15). Zum biblischen Verständnis des Menschen gehört seine Verantwortung für die Mitgeschöpfe und für die Welt, in die er gestellt ist.

2. Der Mensch wird als *Gottes Ebenbild* verstanden. Das bezieht sich nicht auf Aussehen, Gestalt oder Vernunftbegabung, sondern auf die Verantwortung des Menschen für die Welt. Die Erde ist ihm anvertraut, und er soll darin herrschen/Herr sein wie Gott, nämlich schaffen, was dem Leben dient, was Leben erhält und fördert. Der Mensch hat in der Schöpfung wohl eine herausgehobene Stellung, aber nicht um seine Macht egoistisch zu missbrauchen, sondern um Gegebenes und ihm Anvertrautes zu verwalten und zu gestalten.

8.2 Fortführung des jüdischen Erbes im christlichen Glauben

Das, was der christliche Glaube mit »Gott« meint, müssen wir heute im Rahmen der Denkmöglichkeiten ausdrücken, die den Zeitgenossen vertraut, plausibel und zugänglich sind. So muss die nicht mehr selbstverständlich vorgegebene personale Gottesvorstellung so transformiert werden, dass die

darin artikulierte Gotteswirklichkeit in neuen Anschauungsformen sagbar oder andeutbar bleibt. Tradition ist in sich
wandelnden kulturellen Bedingungen nur zu bewahren und
zu vermitteln durch Transformation.

8.2.1 Was es für Christen heißt, sich als Geschöpf zu verstehen

Was die Bibel in der Gestalt des Schöpfungsgedankens ins
Gespräch bringt, ist dem Inhalt nach eine Aussage über den
Menschen und seine Rolle in dieser Welt. Allein der Mensch
ist in der Lage, sich seines Verhältnisses zur Welt und zu seinen Mitgeschöpfen bewusst zu sein und auch bewusst zu entscheiden, wie er mit ihnen umgeht. Diese Fähigkeit weist ihm
eine Verantwortung zu und nötigt ihn zu einer Reflexion, die
keinem Tier abverlangt wird. Die in der Menschennatur ge-
gebene Sonderstellung enthält die Gefahr, dass sich der Mensch
als der unbeschränkte Herr aller Welt versteht und dass er
seine Handlungsmöglichkeiten gegenüber seinen Mitgeschöpfen und der Natur einseitig zu seinem Vorteil missbraucht.
Die alttestamentlichen Schöpfungsgeschichten umschreiben
daher seine Weltverantwortung als »bewahren und pflegen«.
Das wird im christlichen Glauben präzisiert. Das Verhalten
zu seinesgleichen soll nicht ein Verhältnis zu Objekten sein,
sondern in mitgeschöpflicher Liebe gründen.

8.2.2 Was Christen mit »Gottes Ebenbild« meinen

Schon im Alten Testament wird mit der Metapher vom Ebenbild Gottes verdeutlicht, dass es zu der dem Menschen gegebenen Freiheit gehört, seine Handlungsmöglichkeiten wie Gott
stets zum Wohl des Lebens einzusetzen. Auch das wird im
christlichen Glauben vertieft. Paulus bezeichnet Jesus als das
Ebenbild Gottes (2Kor 4,4), als den Menschen, der dem Ent-
wurf Gottes entspricht. Und das ist der zur selbstlosen Liebe
fähige Mensch. Im liebenden Verhalten gegenüber den Mit-

geschöpfen erfüllt sich, was christlicher Glaube mit »Eben-
bildlichkeit Gottes« zum Ausdruck bringt.

8.3 Ist der Mensch böse und Sünder von Jugend an?

8.3.1 Das Menschenbild des Alten Testaments
Jesus teilte als Jude das Menschenverständnis der jüdischen
Religion. Die jüdische Religion spricht nicht theoretisch über
den Menschen, sondern sie erzählt Geschichten, in denen ihr
Menschenverständnis zum Ausdruck kommt. Die Geschichte
von der Erschaffung des Menschen endet mit dem Satz: »Und
Gott sah an alles, was er gemacht hatte und sieh, es war sehr
gut« (Gen 1,31). Dann aber wird vom Ungehorsam des ersten Menschenpaars erzählt, vom Brudermord Kains an Abel,
von der Vermischung einiger Göttersöhne mit Menschentöch-
tern. Als Gott das sieht, beschließt er, eine Sintflut zu senden
und mit der Menschheit, die sich von ihm entfernt hat, einen
Neuanfang zu machen.

Die Geschichte von der Sintflut beginnt mit der Feststellung: »Der HERR aber sah, dass die Bosheit des Menschen groß
war auf Erden und dass alles Sinnen und Trachten seines
Herzens allzeit nur böse war« (Gen 6,5). Sie endet mit dem
Satz: »Denn das Trachten des Menschenherzens ist böse von
Jugend an« (Gen 8,21). Die urzeitlichen Geschichten veran-
schaulichen erzählend die Erfahrung, die wir Menschen mit
unserer Grundverfassung machen. Das Alte Testament macht
keine philosophischen Aussagen über Sein, Wesen und Natur
des Menschen, sondern es schildert, wie sich Menschen nach
aller Erfahrung verhalten. Das pauschale Urteil lautet: böse
von Beginn an!

8.3.2 Wie ist das Böse in die Welt gekommen?
Die aus der Erfahrung gewonnene Einschätzung menschlichen Verhaltens steht aber in Spannung zu der Schöpfungs-

geschichte, nach der der Mensch als »sehr gut« in die Welt entlassen wurde. Das verlangt nach einer Erklärung, wie es kommen konnte, dass der als gut geschaffene Mensch von Jugend an Böses tut. Polytheistische Religionen haben damit kein Problem, weil sie Gutes und Böses auf unterschiedliche Gottheiten zurückführen. Monotheistische oder Konzepte, die davon ausgehen, dass der Mensch grundsätzlich gut sei, stehen vor dem Dilemma, das der österreichische Satiriker J. N. Nestroy (1801–1862) so ausdrückte: »Der Mensch ist gut, nur die Leute sind ein Gesindel.« Bei der Lösung des Problems, wie der als gut geschaffene oder der in seinem Wesen als gut verstandene Mensch zu bösen Taten kommt und fähig ist, war und ist stets Phantasie gefragt. Die philosophisch-psychologischen Konzepte, die den Menschen für gut erklären, führen zu seiner Entlastung die schlechten Strukturen der Gesellschaft oder den Einfluss der Erziehung an. Nach dem streng monotheistischem Islam ist das Böse als das Widergöttliche durch den Engel Iblis in die Welt gekommen (Sure 7,11f). Aber nach alttestamentlichem Verständnis gilt nicht die menschliche Natur als generell verderbt. Die Einheit mit Gott wird vielmehr durch die Tat des einzelnen Menschen zerstört und nicht durch ein generell böses Wesen der Menschen. Genesis 3 erzählt vom Vertrauensbruch, den Eva vollzog und Adam mit ihr. Die jüdische Religion sagt nicht, dass der Mensch in seinem Wesen böse *ist*, sondern dass er erfahrungsgemäß in eigener Entscheidung Böses *tut*. Sobald dem biblischen Mythos vom Ungehorsam des paradiesischen Menschenpaars der Bildcharakter genommen und die mythische Erzählung als Bericht über historische Fakten verstanden wird, führt sie zu unauflösbaren Widersprüchen, ja zu absurden Schlüssen. Die gleichen Probleme entstehen, wo Gott als allmächtig bezeichnet und seine Allmacht als ein unbegrenztes Alleskönnen verstanden wird.

8.3.3 Die Schritte zur Lehre von der Erbsünde

Vom Judentum hat die werdende Christenheit die Überzeugung übernommen, dass Gott den Menschen gut erschaffen hat, dass dieser Mensch aber von Jugend an Böses tut. Die Christen hatten also auch die Frage zu beantworten, wie dieser Widerspruch zu lösen ist, ohne dass Gott für das Böse und für die Sünde verantwortlich gemacht wird. Der ehemalige Schriftgelehrte Paulus erklärt das mit dem Blick auf die Geschichte vom Ungehorsam des ersten Menschenpaars gegenüber Gott (Gen 3) so: Die Sünde ist als kosmische Macht durch Adams Fehltritt in die Welt gekommen und hat alle Menschen ergriffen. Er schreibt: »Wie durch einen Menschen die Sünde in die Welt gekommen ist ... *weil* alle sündigten« (Röm 5,12). Diese Formulierung lässt vieles offen und ungeklärt. In der Westkirche galt schon früh die lateinische Übersetzung des in Griechisch geschriebenen Neuen Testaments als der verbindliche Bibeltext. In dieser lateinischen Fassung lautete die Schlusswendung des Paulustextes nicht: »... *weil* alle sündigten«, sondern »... *in welchem (nämlich in Adam)* alle gesündigt haben«.

Bischof Ambrosius von Mailand († 397) legte diesen Satz nach römischem Recht aus. Danach bestimmt das Verhalten des Familienhaupts den Rechtsstatus aller Nachkommen. In der Westkirche hat sich allerdings die Interpretation seines Schülers Augustinus († 430) durchgesetzt. Augustinus ging nicht vom damaligen römischen Recht, sondern vom damaligen Wissen über die menschliche Fortpflanzung aus. Von der Antike bis ins 19. Jahrhundert verstand man die Frau als Gefäß oder Acker. Das Kind, das sie gebar, ging aus dem Samen des Mannes hervor, wie die Pflanze aus dem Samenkorn, das man in den Acker gesät hatte. Die Frau war demnach an der leiblichen Natur des Kindes nicht beteiligt. Das biologische Erbe kam allein vom Vater. Damit kam auch die zum Bösen geneigte Grundverfassung des Menschen allein von Adam, und sie wurde auch allein und stets über den Vater vererbt. Augustinus wird noch konkreter. Er sagt, diese »Erbsünde« werde durch den mit Lust verbundenen Zeugungsakt wie eine Ansteckung vom Vater auf alle Nachkommen übertragen. Mit dieser Interpretation hat Augustinus das Sündenverständnis der lateinischen Kirche des Westens bis heute auf den Bereich der Sexualität festgelegt und verengt. Die Ostkirche hat Augustins Konstruktion der Erbsünde stets abgelehnt. Die reformatorischen Kirchen haben sich aus dieser Verengung wieder befreit. In der römisch-katholischen Kirche gilt weiterhin das feierliche Glaubensbekenntnis von 1968: »Wir halten dem Konzil von Trient folgend daran fest, dass die Erbsünde zusammen mit der menschlichen Natur durch Fortpflanzung übertragen wird und nicht etwa bloß durch Nachahmung und dass sie jeden Menschen als ihm eigen innewohnt.« (KKK 419)

8.3.4 Sünde als Basis für Erlösungsbedürftigkeit

Das skizzierte Sündenverständnis, das aus der Logik des theistischen Gottesverständnisses hervorgegangen ist, lässt den Menschen als erlösungsbedürftig erscheinen. Die Möglichkeiten, Wege und Mittel der Erlösung sind – konfessionell unterschiedlich – ebenfalls im Rahmen theistischen Denkens ausgeformt worden. Wird christlicher Gottesglaube in einem nicht-theistischen Konzept gedacht, so verschwindet damit nicht die Wirklichkeit, die mit »Sünde« und »Böses« umschrieben wurde. An den menschlichen Erfahrungen, die dahinter stehen, ändert sich ja nichts. Aber diese menschliche Wirklichkeit muss und kann auch in anderen Denkmodellen zur Sprache kommen.

8.4 Ein nichttheistisches Selbstverständnis

8.4.1 Wir erfahren uns in unserem Verhalten

Auch jenseits und ohne Gottesvorstellungen nimmt sich jeder als Mensch in seiner Welt wahr. Und noch vor allen theologischen, biologischen, psychologischen, soziologischen und philosophischen Theorien, die uns monokausal erklären wollen, weshalb wir so handeln, wie wir handeln, werden sich die Erfahrungen, die Gottgläubige und Gottleugner mit sich selbst machen, nur wenig voneinander unterscheiden. Diese Erfahrungswerte werden noch näher zusammenrücken, wenn wir als Maßstab unseres Verhaltens die Bewertung »gut« oder »schlecht/böse« zurückstellen.

8.4.2 Wir verhalten uns so, wie wir von unserer Natur aus sind

Vor jeder Einflussnahme durch gesellschaftliche Strukturen oder kulturelle Muster verhalten wir uns wie jedes andere Lebewesen auch: Leben will leben. Ein Säugling schreit, wenn er Hunger hat oder sich unwohl fühlt, und zwar ohne Rücksicht darauf, ob das den Eltern den Schlaf oder die Nerven raubt. Und wenn das Kind ruhig und zufrieden ist, so ist es nicht lieb oder gut, sondern seine Bedürfnisse sind im Moment befriedigt. Es wäre völlig abwegig, einem Säugling egoistische Motive zu unterstellen oder von ihm altruistisches Verhalten einzufordern. Ohne Lebenswillen, der auch durchgesetzt wird, kann sich kein Leben entwickeln. Dieser Lebenswille hat nun einmal die Tendenz, sich durchzusetzen, ob es der Umwelt gefällt oder nicht. Das ist weder gut noch schlecht, sondern unsere biologische Natur.

8.4.3 Kultur formt Natur

Der Mensch ist seiner Natur nach ein Gruppenlebewesen, ein *animal sociale*. Diese Erkenntnis ist nicht neu, darf aber auch nicht ausgeblendet werden. Ein Menschenkind wird nicht in ein soziales Vakuum hineingeboren, sondern in eine bereits strukturierte familiäre und gesellschaftliche Welt. Wie immer diese Welt beschaffen sein mag, der Mensch muss und wird lernen, sich darin zurechtzufinden und sich mit den vorgefundenen Begebenheiten zu arrangieren. Er wird sich mit den Grundsätzen, Überzeugungen, Werten und Regeln seines kulturellen Milieus auseinandersetzen müssen und sich so zu verhalten lernen, dass er innerhalb dieser Welt Anerkennung und Achtung erfährt und daraus seine Selbstachtung gewinnt. Die Maßstäbe, die wir aus unserer kulturellen Einbindung entnehmen, prägen zwar entscheidend unser Verhalten mit, aber sie löschen nicht die vitalen Strebungen, die in unserer physischen Natur angelegt sind. Diese Strebungen gehen ohne moralische Wertung dahin zu überleben und sich in seinem Umfeld durchzusetzen. Die physische Natur des Menschen kennt weder gut noch böse. Diese Begriffe sind kulturelle Normen und Wertungen für Verhaltensweisen, zu denen allein der Mensch als Kulturwesen fähig ist und deren Inhalte die jeweilige Kulturgemeinschaft setzt. Da der Mensch Naturwesen und Kulturwesen gleichermaßen ist, wird durch die Wertungen, die in der Kultur entstehen, das Verhalten des Menschen kanalisiert und auch beeinflusst. Alle Kulturgemeinschaften geben sich Verhaltensregeln. Sie bestrafen gemeinschaftsschädigendes Verhalten, das diese Regeln missachtet. Dieser universale Tatbestand zeigt an, dass es zu allen Zeiten nötig war und bleibt, den stets aktuellen egoistischen Tendenzen des Einzelnen Grenzen zu setzen.

8.4.4 Der Mensch als die offene Möglichkeit

Der Mensch erfährt sich immer als beides: als Natur- und als Kulturwesen. Er erfährt sich in der unauflöslichen Spannung zwischen natürlichem Wollen und kulturellem Sollen. Und er entwirft und realisiert sich in seinem jeweiligen Verhalten.

Mensch *ist* man nicht in einem statischen Sinne, man *wird* es in seinem jeweiligen Tun. Menschsein ist nicht ein Zustand, sondern eine offene Möglichkeit, und zwar für viele Weisen der Verwirklichung. Innerhalb der Spannung zwischen seiner physischen Natur und den Werten und Normen seiner Kultur muss der Mensch seine Lebenswirklichkeit wählen; er verwirklicht sich in seiner faktischen Wahl von Gegenwart zu Gegenwart neu. In dieser Sicht hat es keinen Sinn, den Menschen in einer pauschalen Vorab-Definition als gut oder böse zu bezeichnen und daraus abzuleiten, wozu er bestimmt ist.

8.4.5 Die Schwierigkeit mit dem Guten

Wir erfahren uns selbst in unserem Verhalten, und das ist weder durchweg böse noch durchweg gut. Ganz zu schweigen davon, dass niemand einen Maßstab dafür hat, was *absolut gut* ist. Oder geht es überhaupt nur darum, dass ein Verhalten *gut für jemanden* oder *gut zu etwas* ist? Die drei genannten Gutheiten können sogar bei der gleichen Handlung miteinander in Konflikt geraten. Mein persönliches Sparverhalten mag für meine Alterssicherung gut sein. Es kann aber zugleich für eine lahmende Volkswirtschaft schlecht sein. Und wenn es eine Geldentwertung gibt, so kann es sich sogar für meine Alterssicherung als schlecht erweisen. Oder: In unserer Kultur gilt es als hohes Gut, die Wahrheit zu sagen. Aber würde man aus lauter Wahrheitsliebe auch gegenüber seinem Vorgesetzten sagen, was man in Wahrheit von ihm hält? Und ist es auch dann noch gut, die Wahrheit zu sagen, wenn jemand unter Druck oder Folter dazu gebracht werden soll, die Namen von Mitstreitern bekanntzugeben? Es zeigt sich, dass jede Entscheidung für etwas auch eine Entscheidung gegen anderes ist. Gut Gemeintes kann sogar böse Folgen haben, und eine böse Tat kann umgekehrt unabsehbar gute Wirkungen auslösen, etwa dort, wo sie dazu führt, dass eine Gefahr schnell erkannt wird und Schutzmaßnahmen dagegen eingerichtet werden können.

8.4.6 Wie wir uns erfahren

Wir erfahren uns als Menschen, die leben wollen. Darin meldet sich vor allem unsere physische Natur. Ohne diesen Drang zur Selbsterhaltung gäbe es kein Leben. Es gibt auch keinen Grund, diesen Urtrieb des Lebens als bösen Egoismus zu diffamieren. Dieser Urtrieb bringt besonders im Zuge der Fortpflanzung vor allem bei geselligen Lebewesen viele liebevolle und altruistische Verhaltensweisen hervor.

Bei einiger Ehrlichkeit uns selbst gegenüber können wir aber feststellen, dass wir selbst im engsten Kreis der Familie uns mit je unseren Wünschen und Zielen durchzusetzen suchen. Das ist im beruflichen und im gesellschaftlichen Leben das Normale. Die Strategien, mit denen wir die eigenen Ziele zu erreichen suchen, müssen nicht grob und bösartig sein, sie können auch mit liebenswürdigen oder mit altruistischem Verhalten verfolgt werden. Das ist in unserer Natur bereits angelegt. Die Formel des römischen Komödiendichters Plautus: »Der Mensch ist des Menschen Wolf«, ist nicht immer am konkreten Verhalten abzulesen. Das stellt aber nicht in Frage, dass jeder Mensch sich selbst der Nächste ist und sein Verhalten je nach den Machtverhältnissen soweit wie möglich zu seinem Vorteil einzurichten sucht.

Da alle Menschen ihrer Natur nach aus diesem Grundimpuls leben, muss es zu Kollisionen kommen, bei denen die Selbsterhaltung als Selbstdurchsetzung auch offen aggressive Formen annimmt. Die aufeinandertreffenden Durchsetzungstendenzen zerstören Gemeinschaften im Kleinen wie im Großen. Selbst Partnerschaften zerbrechen daran, dass sich der eine Partner auf Kosten des anderen Vorteile verschaffen will. Das Verhalten im Konkurrenzkampf dokumentiert die versteckten und offenen Formen menschlicher Selbstsucht, die sich notfalls auch auf Kosten und zum Nachteil der anderen durchsetzt.

Auf der Basis dieser Grundeinstellung organisieren sich auch unsere Familienverbände, Interessengruppen, wirtschaftlichen Unternehmen und Staaten. Auch sie handeln nach den Prinzipien kollektiver Selbstsucht, und zwar weitgehend auf Kosten der anderen. Diese Grundeinstellung der Gattung Mensch hat in jüngster Zeit dazu geführt, dass wir innerhalb weniger Generationen große Energie- und Rohstoffreserven unseres Planeten für unseren Luxus verbraucht haben, dass wir ganze Landschaften und viele Kulturen und deren wirtschaftliche Strukturen zerstört haben, dass wir ungezählte Tier- und Pflanzenarten ausgerottet haben und dass wir vielerorts Hunger erst ausgelöst und unseren Kindern und Enkeln noch unabsehbare Folgeprobleme und Folgekosten aufgeladen haben wie z. B. die verschmutzten Meere, die Klimaerwärmung und den Müll in unserem erdnahen Weltraum.

8.4.7 Kann sich Natur auch von sich selbst erlösen?

Jeder bewusst lebende Mensch kennt das Missverhältnis zwischen dem, was wir tun möchten, und dem, was wir tun. Viele gute Vorsätze versanden. Gute Entwürfe werden im Kampf der Interessen zu farblosen Kompromissen zerrieben. Es gibt gesellschaftliche Kräfte, die »Geiz ist geil« propagieren. Wir können durch Vernunft und guten Willen zweifellos auch für andere viel Gutes bewirken. Aber es bleibt bei der Grundregel, dass wir aus dem eigenen Wollen und Tun letztlich auch stets für das Eigene wirken. Das muss nicht immer der grobe Vorteil zum Nachteil anderer sein. Auch die Win-win-Lösung dient mir selbst, und sogar aus der Spende kann ich meinen Nutzen ziehen für mein gutes Gewissen, für mein Gerechtigkeitsgefühl, für mein Prestige, für meine Steuererklärung. Das macht die »gute Tat«, für die, denen sie hilft, nicht geringer, führt aber den, der sie tut, nicht aus seiner Selbstbezogenheit hinaus.

8.4.8 Das selbstbezogene Leben in religiöser Sprache

Eine Lebensform, die in ihre natürliche Selbstbezogenheit eingebunden bleibt, nennt das Neue Testament »Sünde«, oder genauer: »aus der Sünde/aus dem Irdischen/aus dem Weltlichen leben«. Die Bezeichnung »Sünder« für einen unbescholtenen Menschen wird dort als beleidigend oder anmaßend empfunden, wo Sünde als eine moralische Bewertung im Sinne von »böse«, »schlecht«, »unmoralisch« verstanden wird. Sünde als menschliche Lebensweise meint aber keine moralische Bewertung dieses Lebens, sondern bezeichnet die Grundhaltung, aus der ein Mensch sein Leben gestaltet, nämlich aus den Impulsen, Strebungen und Zielen seiner irdischen Natur. Zur Morallehre umgebildet und auf einzelne Handlungen bezogen wurde das urchristliche Sündenverständnis erst unter dem Einfluss der griechischen und hellenistischen Tugendlehren und Lasterkataloge.

Selbstbezogen aus dem Eigenen für das Eigene zu leben, das ist unsere menschliche Natur. Dazu bedurfte es keines Sündenfalles. Der wurde als Lösungskonstrukt erst im Rahmen eines theistischen Gottesverständnisses nötig, wonach der Mensch von Gott gut, nämlich in engster Vertrauensgemeinschaft mit ihm stehend, geschaffen worden ist. Das Problem eines Sündenfalles verdanken wir nicht unserer Erfahrung, sondern dem zeit- und kulturgebundenen theistischen Schöpfermodell. Christlicher Glaube legt uns aber auf kein kulturgebundenes Weltverständnis fest.

8.4.9 Liebe als die andere Lebensbasis

Ein seiner Natur nach selbstbezogenes Leben ist nicht in der Lage, die Selbstbezogenheit abzulegen. Paulus sagt metaphorisch, dass wir Knechte, Gefangene, Sklaven der Sünde (als

Grundhaltung) sind, und er bringt das auf die kurze Formel: »Alles, was nicht aus Glauben geschieht, ist Sünde« (Röm 14,23). Diese Sünde existiert nicht irgendwo als kosmische oder dämonische Macht jenseits von uns, sondern sie existiert und wirkt als die auf das Eigene festgelegte Grundhaltung unserer physischen Natur.

In der Person Jesu sind seine Zeitgenossen einem Menschen begegnet, der sich ihnen zuwendete, nicht, weil er etwas von ihnen für sich haben wollte; er eröffnete ihnen vielmehr eine neue Weise, Mensch und Mitmensch, Geschöpf und Mitgeschöpf zu sein. Diese andere Möglichkeit, Mensch zu sein, wird in dem Wort »Liebe« zusammengefasst. Es ist aber nicht die geschlechtliche Liebe (*sexus, éros*) und auch nicht die Freundesliebe (*philía*), sondern jene selbstlose Liebe, für die das Wort *agápe* steht. Jesus verkörperte in seiner Grundhaltung diese *agápe*-Liebe. Er wendete sich seinen Mitmenschen nicht aufgrund ihrer moralischen, religiösen, oder ästhetischen Qualitäten zu, oder weil er sich einen Nutzen oder Gegenliebe von ihnen versprach; er nahm sich ihrer um ihretwillen an. Und sie machten dabei die Erfahrung, ohne Vorgaben oder Gegenleistungen geliebt zu werden als die, die sie waren. Diese Erfahrung eröffnete ihnen einen neuen Horizont, ihr Menschsein zu verstehen und aus einer neuen Basis miteinander und füreinander zu leben. Aus dieser Erfahrung, nämlich vorbehaltlos geliebt zu werden, kann die Kraft erwachsen, selbst zu liebenden Menschen zu werden. Und wo das geschieht, da geschieht Gott, da ereignet sich Gotteswirklichkeit oder, in der Sprache der Bibel: So kommt Herrschaft Gottes. Darauf zielt auch die Bitte: »Dein Reich komme«.

Erfahrene Liebe lässt uns einander mit anderen Augen ansehen: Nicht mehr als Feinde und Konkurrenten, sondern als Brüder und Schwestern einer großen Gemeinschaft; nicht mehr als Subjekte; die einander benutzen, sondern als Partner, die füreinander da sind und füreinander Verantwortung übernehmen; nicht mehr die Klügsten im Ausnutzen der eigenen Vorteile, sondern frei zu teilen, wo es auf die Dauer dem Leben aller am besten dient.

Erfahrene selbstlose Liebe macht uns nicht automatisch zu liebenden Menschen, ja sie wird oft noch nicht einmal wahrgenommen. Wir können selbstlose Liebe von uns aus auch nicht tun wollen. Wir können für sie nur offen sein und uns von ihr erfüllen und leiten lassen. Davon singen in den vielfältigsten Bildern, Symbolen und Metaphern vor allem die Adventslieder.

Sich auf das Wagnis dieser selbstlosen Liebe einzulassen, das ist christlicher Glaube. Damit ist auch gesagt, dass christlicher Glaube weder die Zustimmung zu einem bestimmten Gottesverständnis noch ein Dauerzustand ist, in dem ich mich von einem bestimmten Zeitpunkt an befinde. Als menschliche Wesen sind wir aus unserer Selbstbezogenheit nie entlassen. Im je aktuellen Wagnis des selbstlosen Liebens erschließt sich uns aber ein neuer Lebensgrund als das Geschenk der Nähe und der Wirklichkeit Gottes, und zwar nicht nur für uns selbst, sondern zugleich auch für andere. Im Bild gesprochen: So geht Gott durch die Geschichte; so ist er in uns und durch uns gegenwärtig.

9 Kirche

9.1 Die Anfänge

9.1.1 Jesu Botschaft vom Reich Gottes

Der Beginn einer Bewegung, an deren Ende eine Kirche stand, ist die Botschaft von Jesus von Nazaret, die in Kurzfassung lautet: »Nahe gekommen ist das Reich Gottes!« (Mk 1,15) Der Begriff »Reich Gottes« hat in Israel eine lange Geschichte. Seit Israels Königtum 586 v. Chr. untergegangen war, erwartete man in Israel einen Messias (Gesalbten), der Volk und Land von den Besatzern befreien würde. Diese Erwartung war unter der römischen Besatzung zur Zeit Jesu im Volk wieder sehr lebendig. In diese politische Erwartung mischten sich auch apokalyptische Vorstellungen von einem Sieg der Engelmächte über die Macht des Satans.

Jesus verstand sich nicht als politischer Befreier von den Römern, aber er nahm den Sprachgebrauch von einer erwarteten Zeit der Freiheit auf, um das Geschehen zu kennzeichnen, das er in Gang setzte. Das Reich Gottes, dessen Kommen er ausrief, war weder ein politischer Umsturz noch eine kommende kosmische Katastrophe; es bezeichnete eine neue Möglichkeit und Weise, hier und jetzt miteinander und füreinander zu leben. Es ereignete sich schon im Jetzt, und zwar in den Begegnungen, in denen er Menschen aus verfahrenen Situationen herausführte und ihnen einen neuen Lebenshorizont eröffnete. In seinen Tischgemeinschaften mit religiös, sozial und moralisch Verachteten verwirklichte er menschliche Gemeinschaft, in der nicht mehr Vorurteile, Ausgrenzungen, Zuschreibungen und Wertungen das Miteinander bestimmten, sondern eine bedingungslose Offenheit füreinander. Er belehrte nicht über eine neue Welt, sondern er lebte sie und machte sie erfahrbar. Er sprengte die religiösen Grenzen hin zu den Heiden und sprach – gegen die rabbinischen Anweisungen – mit Frauen in der Öffentlichkeit, sogar mit einer Samaritanerin. Zu seiner Gefolgschaft zählten auch Jüngerinnen.

Zur Gründung oder gar Bildung einer neuen Kirche konnte es im 1. Jahrhundert schon deshalb nicht kommen, weil man allgemein das Anbrechen einer neuen Weltzeit noch im Zeithorizont der lebenden Generation erwartete. Die Erkenntnis, dass ein nahes Ende nicht zu erwarten ist, setzte sich bei den Christen erst gegen Ende des 1. Jahrhunderts durch.

9.1.2 Erfahrung mit Jesu Botschaft bringt Gemeinde hervor

Erste Gemeinden entstanden nach Jesu Tod nicht, weil sie von Jesus gegründet worden waren, sondern weil Menschen, die seine befreiende Weise, Mensch zu sein, an sich erfahren hatten, dieses neue Dasein in einer Gemeinschaft von Menschen gleichen Geistes weiterleben wollten. Ostern darf man sich nicht als ein spektakuläres Ereignis vorstellen, das sich in Jerusalem am dritten Tag nach Jesu Tod zugetragen hat. Ostern lässt sich eher als der Prozess beschreiben, in dem sich Menschen bewusst wurden, dass die Kraft der Liebe, die ihnen in Jesus begegnet war, auch die trägt, die sie selber wagen, d. h., die aus Jesu Geist leben. Dieser Impuls der bedingungslosen Liebe, der auch nach Jesu Tod gegenwärtig blieb, konnte später in der Metapher von der Auferstehung Jesu ausgedrückt werden. Die Denkmodelle dafür lagen sowohl im Auferstehungsglauben der Pharisäer wie auch in hellenistischen Kulten vor. Die Erfahrung mit der selbstlosen Liebe konnte sich ohne theologische Deutung auch darin äußern, dass Jesusjünger, von dieser Liebe ermutigt und gestärkt, die befreiende Botschaft in ihr Umfeld hinaus trugen und damit nicht nur zu Zeugen, sondern zu lebendigen Zeugnissen ihrer Botschaft wurden.

9.1.3 Erste Gemeindebildungen

Die Art und Weise, in der Menschen, die aus den Impulsen Jesu lebten, sich zu Gemeinschaften zusammenfanden, folgte in den ersten Jahrhunderten keinen allgemeinen Regeln und vollzog sich gemäß den regionalen kulturellen Vorgaben auch vielgestaltig. Deutlich ist nur, dass die Gemeinden, die sich im palästinensischen Raum bildeten, in Anlehnung an jüdische Gepflogenheiten ein kollektives Leitungsgremium (Presbyter/ Älteste) wählten, zu dem auch Frauen gehörten. Die auf hellenistischem Boden vor allem von Paulus gegründeten Gemeinden tendierten im Laufe der Zeit dazu, die Leitung der Gemeinde Aufsehern (griechisch. *epískopoi)* zu übertragen. In der Geschichte setzte sich später das Aufseher-Modell gegenüber dem Presbyter-Modell durch.

9.1.4 Mahlgemeinschaften

In den Gemeinden wurde die von Jesus praktizierte Tischgemeinschaft der in gleichem Geist verbundenen Brüder und Schwestern beibehalten. Darin drückte sich die Gemeinschaft des Teilens und der vorbehaltlosen gegenseitigen Achtung aus, die über alle Grenzen des Standes, der religiösen Herkunft, der sozialen Situation und des Geschlechts hinausging und damit auch die Grenzen des Judentums sprengte. Man praktizierte eine Tischgemeinschaft in Gestalt eines tatsächlichen Sättigungsmahles (auch »Agape« genannt), in welchem die in Jesu Geist gegründete Gemeinschaft erfahrbar wurde.

Die in presbyterialem Modell verfassten Gemeinden des palästinensischen Raumes verstanden diese Tischgemeinschaften als ein Mahl der Erinnerung im doppelten Sinn. Es erinnerte an das, was Jesus gebracht und eröffnet hatte, und es erinnerte ganz praktisch daran, dass es gilt, uns hier und heute von der Kraft seiner vorbehaltlosen Liebe tragen und leiten zu lassen. Mit diesen Agapen war weder ein Kult verbunden, noch findet man darin einen Hinweis auf den Tod Jesu und auf sein letztes Mahl.

Anders in den hellenistischen Gemeinden. Hier wurde die praktizierte Mahlgemeinschaft bald aus der gottesdienstlichen Versammlung ausgegliedert und auf einen Wochentag verlegt. Im Gottesdienst verblieb eine kultische Handlung, die mit dem Hinweis auf das letzte Abendmahl den Tod Jesu vergegenwärtigte. Die Agape-Tradition ging mit den palästinensischen Gemeinden unter. Die Kulthandlung der Eucharistie mit dem Bezug auf Jesu Opfertod für uns begann sich bereits im 2. Jahrhundert als ein Teil des christlichen Gottesdienstes allgemein durchzusetzen.

9.1.5 Das Priesteramt

Die sonntäglichen Gemeindeversammlungen fanden zunächst in Privathäusern statt. In einer patriarchalisch geordneten Welt wurden sie vom Hausherrn geleitet. Das galt auch für die Agapen, denen das Familienoberhaupt oder ein anderer Teilnehmer vorstehen konnte. Als sich die Tischgemeinschaft in der Gestalt des Kultmahles durchsetzte, wurden, wie in den anderen Religionen, Priester nötig, die für die Kulthandlungen autorisiert waren. Dem kam das Aufseher-Modell in den hellenistischen Gemeinden entgegen. Hier begann sich bereits seit der Mitte des 2. Jahrhunderts ein monarchisches Bischofsamt herauszubilden, dem alle gemeindlichen Leitungsfunktionen zuwuchsen und das auch das Monopol für kultische Handlungen an sich zog. Unter den biblischen Bezeichnungen für Funktionen in der Gemeinde findet sich bemerkenswerterweise kein Ausdruck, der kultische Tätigkeiten einschließt oder andeutet. Noch im 3. Jahrhundert konnte den Christen vorgeworfen werden, dass sie Atheisten seien, weil sie weder Opferrituale noch Kultpersonal hatten. Aber bereits Cyprian, der Bischof von Karthago († 258), charakterisierte und bezeichnete den Priester als *sacerdos*, als einen, »der Heiliges bestellt«.

9.2 Der Prozess der Hellenisierung

9.2.1 Am Beginn stand die Vielfalt

Die ersten Gemeinden entstanden in Jerusalem und seiner Umgebung, und zwar innerhalb der jüdischen Gemeinden. Solange sie als eine Gruppe innerhalb des Judentums betrachtet wurden, genossen sie den staatlichen Schutz des Judentums und galten als »erlaubte« Religion. Als sie von den jüdischen Gemeinden ausgestoßen wurden oder sich selbst von ihnen trennten, wurden sie zu Gemeinden im Untergrund und zum Ziel staatlicher Verfolgungen. In dieser Verfolgungszeit der ersten drei Jahrhunderte schrumpfte die Zahl der Gemeinden im jüdischen Kulturbereich, während im übrigen Römischen Reich eigenständige Gemeinden hellenistischer Prägung entstanden. Am Anfang der Christentumsgeschichte standen nicht eine einheitliche Kirche, sondern eine Vielzahl von Gemeinden unterschiedlicher Art und mit einer Vielzahl von Ausprägungen des christlichen Glaubens. Die Zukunft des Christentums lag von Beginn an nicht in Palästina, sondern im Bereich der hellenistischen Kultur und deren Kulten.

Die Gemeinden jener Zeit waren weitgehend auf sich selbst angewiesen. Überregionale Kontakte und Strukturen waren nur ansatzweise und schwer aufzubauen. Die Ausbildung eines monarchischen Bischofsamtes, das sich im 3. Jahrhundert in den hellenistischen Gemeinden weitgehend durchsetzte, trug dazu bei, dass sich ein gemeinsamer verbindlicher Schriftenkanon und auch gemeinsame Bekenntnisformulierungen anbahnten.

9.2.2 Die Hellenisierung als kultureller Prozess

Die Gemeinden außerhalb Palästinas lebten im kulturellen Klima der hellenistischen Welt, in dessen Weltverständnis und im Einflussbereich der geistigen Strömungen, Kulte und Religionen ihrer Landschaft. Sie verständigten sich auch in

Fragen des Glaubens in der allen gemeinsamen griechischen Verkehrssprache, der Koiné. Selbst die Juden lasen hier die hebräische Bibel in griechischer Übersetzung, d. h. bereits in hellenistischer Interpretation. Wollten Christen ihren Glauben sprachlich ausdrücken, so mussten sie sich ebenfalls der Denkmuster, der Modelle, Symbole und Metaphern bedienen, die für hellenistische Ohren vertraut, verständlich, nachvollziehbar und plausibel waren. So floss bereits auf elementarer Ebene ganz unbemerkt viel hellenistisches Gedankengut in die christlichen Gemeinden ein. Das wurde auch von jenen Menschen mitgebracht, die sich, aus hellenistischen Kulten oder philosophischen Schulen kommend, der christlichen Gemeinde anschlossen und diese fortan mitgestalteten.

9.2.3 Der Übergang von der verfolgten Kirche zur Staatskirche

Als die christlichen Gemeinden durch Kaiser Konstantins Mailänder Edikt von 313 zur gleichberechtigten Religion erklärt und von Kaiser Theodosius 380 zur allein berechtigten Religion erhoben wurden, löste das einen weiteren und tiefgreifenden Hellenisierungsschub aus. Die Christen konnten jetzt öffentliche Gebäude errichten. Die bisher heidnische Bevölkerung strömte in die christlichen Kirchen und suchte nun hier ihre gewohnten religiösen Praktiken und Kulthandlungen. Die Bischöfe rückten nicht nur in die Rolle und in die Funktionen von Staatsbeamten auf, sie wurden auch zu den zentralen Figuren für die sich mehrenden kultischen Praktiken.

Die Gemeinden konnten sich jetzt in regionalen und überregionalen Synoden zu einer Großinstitution Kirche organisieren. Den Kaisern lag daran, dass ihre Staatskirche straff geordnet war und eine geistige Einheit darstellte. Sie beriefen Reichssynoden ein, in denen unter ihrem Druck einheitliche Vorstellungen zum Verständnis Jesu und seines Verhältnisses zu Gott festgeschrieben und später sogar zu Staatsgesetzen erhoben wurden. Staat und Kirche waren eine feste Verbindung eingegangen. Die in vorchristlicher Zeit entstandenen staatlichen Strukturen formten nun auch die christliche Kirche.

Die geistige Ausgestaltung und Differenzierung des christlichen Glaubens vollzog sich in dieser Phase der Hellenisierung vor allem im griechischen Bereich unter dem Einfluss und innerhalb der Denkmodelle und Begriffe der damals lebendigen neuplatonischen Philosophie. Ihr verdanken wir die hochkomplizierten Christus- und Trinitätsspekulationen, die, weil sie nur schwer zugänglich sind, später zu Geheimnissen des Glaubens erklärt wurden.

9.3 Die Entwicklung zu drei Kirchentypen

Unterschiedliche Entwicklungsstränge führten von Gemeinschaften, die kaum organisiert und nur wenig koordiniert aus den Impulsen lebten, die sie aus Jesu gelebter Botschaft von der Nähe des Gottesreiches empfangen hatten, zu einer organisierten Großinstitution Kirche. Als die Erwartung, das Ende der Welt sei nahe, gegen Ende des 1. Jahrhunderts zu erlöschen begann, mussten sich die Gemeinden auf eine Zukunft einstellen und sich nach den Regeln von Gruppen gleicher Basis, gleicher Interessen und gleicher Ziele organisieren. Die bunte Vielfalt der Gemeinden formierte sich unter staatlichem Druck nach innen und nach außen zu einer überregionalen Institution. Die staatliche Einheit des Römischen Reichs brach nach 395 in ein Ost- und ein Westreich auseinander. Zwischen Rom und Byzanz entstand eine politische Konkurrenz. Dieser Machtkampf bestimmte auch die Entwicklungen der Kirche. Aber noch konnte sie ihre Einheit wahren.

9.3.1 Der orthodoxe Kirchentypus
Der geistige Schwerpunkt der Christenheit blieb zunächst im Osten des Reiches, wo auch die Mehrheit der Christen lebte.

Welche Gestalt hatte etwa um die Mitte des Jahrtausends die christliche Kirche? Aus kleinen Gemeinschaften, die ihr Leben unkultisch aus dem Geist vorbehaltloser Liebe gestalten und anderen davon mitteilen wollten, war eine kultisch orientierte Priesterkirche geworden. Die kultlosen Mahlgemeinschaften der frühen Gemeinden hatten sich zu einer übergreifenden Kultorganisation im Stil der vorchristlichen Religionen zurückgebildet und diese Religionen in vielfacher Hinsicht beerbt. Maria übernahm die Rolle der jetzt verbotenen Muttergottheiten der Mittelmeerkulte. 431 erhielt sie den Titel »Gottesgebärerin«. Viele der alten Götter lebten in der Gestalt von nunmehr verehrten Heiligen fort. Den Dreh- und Angelpunkt kirchlichen Lebens und christlichen Glaubens bildete der Ortsbischof. Die von Jesus gelebte Unmittelbarkeit zu Gott war wieder in das alte Modell der Vermittlung durch Priester zurückgefallen. Die kultlose Mahlfeier der Anfänge hatte in der Gestalt der Eucharistiefeier eine Kultform angenommen, in der man alle Mysterien und Lehren der Kirche und die Kirche selbst in ihrer ganzen Fülle gegenwärtig sah. Die Eucharistie wurde zum »Mittelpunkt und Bezugspunkt aller anderen Sakramente und religiösen Handlungen« (Larentzakis). Kirche und Heilsgeschehen ereigneten sich jetzt in der konkreten Feier der Eucharistie. Diese war auch deshalb für antikes Denken so wesentlich, weil in der hellenistischen Kultur die Vermittlung des Göttlichen an den Menschen stets stofflich gedacht wurde.

Der Bischof galt jetzt als die einzige Person, die dazu bevollmächtigt war, die Eucharistie zu vollziehen. Diese Vollmacht sah man darin begründet, dass Jesus die Apostel zu seinen Nachfolgern berufen und mit seiner Autorität ausgestattet hatte. Die Bischöfe verstand man als die Nachfolger der Apostel. Von diesen, so meinte man bereits im 3. Jahrhundert, hätten sie in einer lückenlosen Nachfolgekette (apostolische Sukzession) durch einen Weiheakt die Vollmacht und die Autorität der Apostel erhalten. Das Bischofsamt war damit in jeder Gegenwart zur einzigen Vermittlungsinstanz geworden, über die das göttliche Heilswirken in die Welt einfließen und in ihr fortwirken konnte. Kurz: ohne Bischof keine Kirche und auch kein Heil.

Die Bischöfe waren grundsätzlich gleichrangig. Der Konsens aller Bischöfe verlieh ihnen die Autorität festzustellen, was als christlicher Glaube zu gelten hatte und was nicht. Die orthodoxen Kirchen haben sich auf diesen frühchristlichen Entwicklungsstand bleibend festgelegt.

9.3.2 Der römisch-katholische Kirchentypus

Die Basis der westlichen Kirche ist die bereits hellenisierte Form des Christentums, wie sie uns im orthodoxen Kirchentypus entgegentritt. Diese hellenistische Grundform wurde in zweifacher Hinsicht »römisiert«, d. h. nach römischen Grundsätzen ausgeformt. Zum einen wurden alle theologischen Inhalte, die institutionellen Traditionen und die Praktiken des Glaubens schrittweise verrechtlicht. Aus der immer noch bestehenden Vielfalt christlicher Lebensäußerungen wurde ein zunehmend einheitliches Rechtsinstitut. Zum anderen wurde der Konsens über die Gleichrangigkeit der Bischöfe aufgekündigt und dem Bischof von Rom eine Vorrangstellung zugesprochen.

Die Versuche des römischen Bischofs, sich gegenüber seinen Bischofskollegen nach oben abzusetzen, begannen bereits in der Mitte des 2. Jahrhunderts mit der Nachricht, nicht nur Paulus, sondern auch Petrus sei in Rom gewesen. Jahrzehnte später galten die beiden bereits als die Gründer der Gemeinde Roms. Und bald schon sah man in Petrus sogar den ersten Bischof von Rom. Auch eine Bischofsliste tauchte auf. Sie sollte die apostolische Sukzession von Petrus bis zu den jeweils gegenwärtigen Bischöfen von Rom nachweisen. Inzwischen ist auch unter katholischen Kirchenhistorikern unbestritten: »Sämtliche Namen der Papstlisten bis in die Mitte des 2. Jahrhunderts sind legendär« (G. Denzler). Ein monarchisches Bischofsamt gab es bis dahin noch gar nicht, und ein Papst war noch lange nicht in Sicht, blieb aber das Fernziel der römischen Bischöfe. Bischof Damasus I. (336–384) beanspruchte als Erster mit Berufung auf die Nachfolgerschaft des Petrus exklusiv für Rom den Primat in Recht und Lehre. Es dauerte noch Jahrhunderte, ehe Rom diesen Anspruch im Westen durchsetzen konnte. Für die Kirche des Ostens ist das bis heute indiskutabel. Roms Bischof Leo I. (440–461) zog den Titel Pontifex Maximus an sich. Das war der Titel des ehemaligen heidnischen Oberpriesters, den bereits die römischen Kaiser übernommen hatten. Es folgten die Titel Vicarius Petri und Vicarius Christi, mit denen der Vorranganspruch weiter untermauert wurde. Am Vorranganspruch Roms zerbrach 1054 die christliche Einheit von Ost- und Westkirche. Gregor VII. erklärte sich 1075 als Papst zum uneingeschränkten Herrn der Kirche, ja sogar zum obersten Herrn der ganzen Erde. Bonifaz VIII. stellte fest, »dass es für jedes menschliche Geschöpf unbedingt nötig zum Heil ist, dem römischen Bischof unterworfen zu sein«.

Gegenüber dem Staat blieben diese Ansprüche reine Wunschvorstellungen, aber innerhalb der westlichen Kirche setzte der römische Bischof seine Vormachtansprüche schrittweise voll durch. Der nicht mehr überbietbare Höhepunkt dieser Entwicklung ist das Dogma von 1870, das die Unfehlbarkeit des Papstes in Fragen des Glaubens und der Sitte und seinen Rechtsprimat über die gesamte Kirche festschrieb. Mit dem Machtanspruch des Papstes schritt auch die Verrechtlichung der Institution Kirche, der kirchlichen Lehren und der Frömmigkeitspraxis bis zur Perfektion voran. Die Kirche wurde zentralistisch auf Rom hin ausgerichtet und alle Macht im Vatikan zentralisiert. Die anwachsende Hierarchie über den Bischöfen wertete diese zu mittleren Religionsbeamten und zu Vollzugsbeamten Roms ab. Alle Amtsträger wurden und werden durch einen Eid auf die Lehre der Kirche und auf den Papst verpflichtet. Kirche sah man nur noch da, wo gehorsame Verbindung mit dem Papst besteht. Rom sah und sieht die Kirche von Gott gegründet und allein in der römisch-katholischen Kirche verwirklicht. Wer vom Kirchenverständnis und von den Lehren Roms abwich, wurde von der Inquisition verfolgt und unschädlich gemacht. Päpstliche Listen von Irrtümern des Glaubens und Denkens sorgten dafür, dass vor allem Lehrende, die nicht den Vorgaben Roms entsprachen, aus ihren Ämtern entfernt und notfalls exkommuniziert wurden. Ein Index verbotener Bücher und die Auflage bischöflicher Druckerlaubnis filterten jede nichtkonforme Literatur aus der Öffentlichkeit.

Das Hauptproblem ihrer Kirche sehen viele katholische Theologen darin, dass die römisch-katholische Kirche sich selbst gefesselt und sich die Chance zu Reformen und Entwicklung genommen hat, als sie im Ersten Vatikanischen Konzil ihre Dogmen als unwandelbar festschrieb, weil die darin niedergelegten Wahrheiten göttlichen Ursprungs und deshalb so unwandelbar wie Gott seien. Als Johannes XXIII. ein neues Konzil ankündigte, mochte ihm mehr als die Überwindung der Wagenburgmentalität vorgeschwebt haben. Das Zweite Vatikanische Konzil hat aber an der Architektur der römisch-katholischen Kirche nichts geändert.

9.3.3 Der reformatorische Kirchentypus

Als Martin Luther 1517 seine Reformthesen der Öffentlichkeit übergab, hatte die römisch-katholische Kirche noch nicht ihre heutige Gestalt. Sie war aber auf dem Weg dorthin. Die Kritik der Reformatoren richtete sich vor allem gegen jene Elemente im Kirchenverständnis, die Jesu Botschaft von der Nähe zur Herrschaft Gottes als erfahrbare Gotteswirklichkeit durch ein aufwendiges System kultischer und rechtlicher Vermittlungen außer Kraft setzten. Da die bisherige Kirche ihre

Kritiker ausstieß, bildete sich der Typus der reformatorischen Kirche.

Legitimiert durch die Rückbindung an die biblischen Texte in ihrer Ursprache, wurde all das zurückgenommen, was nach dem damaligen Stand historischer Erkenntnis im Laufe der Jahrhunderte die schlichte Botschaft Jesu überlagert und verfremdet hatte. So

- die papstzentrierte Verrechtlichung von Glaube, Lehre und Organisation,
- der herausgehobene Sonderstatus und die Vermittlerfunktion des Klerus,
- das sacerdotale (priesterliche) Verständnis von Gemeindeleitern,
- die Unterscheidung und Trennung von Klerus und Volk,
- die Herleitung der kultischen Opferhandlung »Eucharistie« aus der letzten Tischgemeinschaft Jesu mit seinen Jüngern.

Zurückgenommen wurden vor allem die Elemente der Römisierung und anderes, das mit den biblischen Zeugnissen nicht vereinbar schien. Vieles blieb unerkannt stehen, da eine historische Wissenschaft im heutigen Sinne noch nicht existierte.

Die entstehenden reformatorischen Kirchen organisierten sich presbyterial in Synoden von unten nach oben. Sie bildeten Kirchenstrukturen, die nach den regionalen Möglichkeiten der Verkündigung am besten gerecht zu werden schienen. Sie bildeten kein göttliches Recht aus und beanspruchten für ihre Glaubenseinsichten keine göttliche Wahrheit, sondern strebten biblische Entsprechung und Legitimation an. Das Verständnis aller Ämter und ihrer Funktionen sah man in der Vorstellung vom »allgemeinen Priestertum der Gläubigen« begründet. Danach sind alle Christen beauftragt, mit ihrem eigenen Leben und Tun »Licht der Welt« zu sein. Die Vollmacht des Pfarrers/der Pfarrerin ist eine von der Gemeinde verliehene Vollmacht zum *öffentlichen* Wirken. Dafür gibt sich jede Kirche die zeitgemäßen Ordnungen selbst. Sonder-

und Leitungsämter werden durchweg durch Wahl auf Zeit vergeben. Selbst in bischöflich verfassten Kirchen ist keine Hierarchie der Ämter vorgesehen. Die reformatorischen Kirchen kennen keine unveränderbaren Dogmen. Sie orientieren sich an den Zeugnissen der Bibel und sie formulieren ihr Glaubensverständnis als Bekenntnisse in zeit- und kulturbedingten Sprachformen.

Die Kirchen des reformierten Zweigs haben ihr Kirchenverständnis am konsequentesten an den biblischen Texten ausgerichtet. Obwohl sich alle reformatorischen Kirchen als *»ecclesia semper reformanda*/stets zu reformierende Kirchen« verstehen, sind sie der Gefahr nicht entgangen, sich ebenfalls auf bestimmten Entwicklungsstufen einzurichten. Viele hinzugewonnenen historischen Einsichten und kulturellen Veränderungen im Verstehen von Welt sind nicht zureichend integriert worden. Besonders die Neigung mancher protestantischer Bischöfe, sich in Aussehen und Auftreten römisch-katholischen Würdenträgern anzugleichen, ist nicht zu übersehen.

Die Theologie hat sich seit der Reformationszeit besonders auf der Basis der historisch-kritischen Forschung weiterentwickelt. Die historisch-kritischen Methoden sind inzwischen auch von den katholischen Theologen übernommen worden. Was sagen uns die bisherigen Forschungsergebnisse zum Thema Kirche?

- Jesus hat weder eine Kirche gegründet, noch gibt es Hinweise darauf, dass er den Plan hatte oder den Auftrag gegeben hätte, dies zu tun.
- Jesus hat weder Jünger zu Aposteln eingesetzt, noch ihnen besondere Vollmachten übertragen. Es gibt auch keinen Hinweis darauf, dass er sie beauftragt hat, Bischöfe einzusetzen und ihnen ihre (angebliche) Vollmacht so zu übertragen, dass sie Jesu Vollmacht, durch eine ungebrochene Nachfolgekette vermittelt, auch in der Zukunft ausüben.

Dieses Bild ist erst in der Rückprojektion aus späteren Entwicklungsphasen in die Zeit Jesu entstanden.

- Auch Petrus wurde von Jesus weder herausgehoben noch mit besonderen Vollmachten ausgestattet. Ob Petrus je in Rom war, ist nicht zu ermitteln. Er war jedenfalls nie Bischof oder gar der erste Bischof von Rom, da es dieses Amt vor der Mitte des 2. Jahrhunderts gar nicht gab.

- Eine Übertragung von kultischen und rechtlichen Vollmachten durch eine Weihe, die zudem den Geweihten unwiderruflich in einen sakralen Stand versetzt und ihn in seinem Wesen vom ungeweihten Volk absetzt, kann sich nirgendwo auf Jesus berufen. Weihehandlungen sind aus heidnischen Kulten übernommen worden, und sie sind in christlichen Gemeinden ansatzweise erst im 2. Jahrhundert nachweisbar.

- Eine Eucharistie als Kulthandlung – zumal als das Zentrum von Kirche und Glaube – lässt sich auf Jesus nicht zurückführen. Der katholische Theologe H. Halbfas stellt für seine Kollegen nüchtern fest: »Die Tatsache, dass es bis ins 2. Jahrhundert verschiedene Formen eucharistischer Mahlzeiten gab, macht es unwahrscheinlich, dass der historische Jesus solche ›Einsetzungsworte‹ am Vorabend seines Todes sprach.« Dem Judentum ist der Gedanke eines stellvertretenden Sühneleidens fremd. Das Johannesevangelium (nach 100) kennt die Einsetzungsgeschichte gar nicht, und die Didaché, eine Gemeindeordnung ebenfalls aus der Zeit nach 100, spricht von der Mahlgemeinschaft ohne jeden Bezug zum Tod Jesu. Ist es denn denkbar, dass die »Einsetzungsworte«, sollten sie von Jesus gesprochen worden sein, in vielen Regionen der Urchristenheit einfach unbeachtet geblieben sein könnten? Jesu Botschaft war kultlos und kultkritisch. Von wem der Zusammenhang von Mahlgemeinschaft und Opfertod Jesu auch hergestellt worden ist, H. Halbfas bemerkt zu Recht: »Die Deutung des Todes Jesu als ein von Gott gewolltes Sühnopfer lässt sich religionsgeschichtlich nur als Rückschritt verstehen«, nämlich als ein Rückfall in die von Jesu Botschaft überholten Opferpraktiken der vorchristlichen Religionen und Kulte.

Die Ergebnisse der historischen Forschung zeigen an, dass auch für die reformatorischen Kirchen die Reformation noch nicht abgeschlossen, sondern weiterzuführen ist. Dazu gehört auch und vor allem die vom Judentum ererbte zeitbedingte theistische Gottesvorstellung, die dem damaligen Drei-Stockwerke-Weltbild entsprach. Dazu gehören weiter die im Prozess und im Gefolge der Hellenisierung entstandene Trinitätslehre und die Christusspekulationen, die unter der Bezeichnung »Christologie« heute vielen Zeitgenossen den Zugang zum christlichen Glauben versperren oder sie daraus vertreiben. Betrachtet man das geistige Wachstum einer Kultur wie das Heranwachsen eines Menschen, so gilt es, die normale Welterfahrung ernst zu nehmen, die Paulus so formulierte: »Als ich ein Kind war, redete ich wie ein Kind und dachte wie ein Kind, überlegte wie ein Kind. Als ich aber erwachsen war, hatte ich das Wesen des Kindes abgelegt« (1Kor 13,11).

9.4 Rückblick auf religionsgeschichtliche Schritte

In der Geschichte scheint es geographische Räume und auch Zeiten mit hoher religiöser Aktivität zu geben. Um die Mitte des 1. Jahrtausends v. Chr. hat K. Jaspers eine Zeit weltweiter religiöser Aufbrüche ausgemacht, die er »Achsenzeit« nannte. Es entstehen die persische Religion des Zoroaster, die hinduistischen Upanischaden, das System des chinesischen Taoismus, der Buddhismus und der Konfuzianismus.

9.4.1 Mitte des 1. Jahrhunderts v. Chr.: Der Monotheismus tritt hervor

In unserem Kulturkreis entstand mit dem babylonischen Exil (587–538 v. Chr.) aus der israelitischen Religion die Religion des Judentums, deren Hauptkennzeichen der Monotheismus ist. Dieser Monotheismus hat keinen Stifter. Er wird literarisch greifbar in den Texten eines im Exil wirkenden unbekannten Propheten, den man als »Deuterojesaja« (Zweiter Jesaja) bezeichnet. In einer Trostrede ruft er seinen Leidensgenossen das Wort seines Gottes zu: »Ich, ich bin der HERR, und keinen Retter gibt es außer mir« (Jes 43,11). Oder: »Ich bin der Erste und ich bin der Letzte, und es gibt keinen Gott außer mir« (Jes 44,6).

A. Gehlen wertet das Hervortreten des Monotheismus zu Recht als »eine absolute Kulturschwelle«. Der Monotheismus setzt grundsätzlich die Naturgottheiten aller Art außer Kraft. Indem er die Welt entmythisiert und entgöttert, lässt er uns die Welt als Welt und den Menschen als Menschen sehen. Mit dem Monotheismus werden auch die Grenzen des Nationalen überwunden. Ethos und Rechte des Menschen kommen in den Blick. Ein exklusiver Monotheismus kann allerdings auch religiöse Intoleranz und patriarchalische Einheitsideologien hervorbringen.

9.4.2 Beginn des 1. Jahrtausends: Der jenseitige Gott wird im Hier und Jetzt wirklich

Mit Jesus von Nazaret wird innerhalb des Monotheismus eine neue Dimension von Gottesglauben eröffnet. Ging es bisher darum, den einen jenseitigen und personalen Gott anzubeten, ihn zu preisen, ihm Opfer darzubringen und ihm zu gehorchen, so macht Jesus einen Gott offenbar, der in der diesseitigen Welt als Wirklichkeit menschlichen Lebens erfahrbar wird, und zwar erfahrbar durch die Art und Weise, in der Jesus selbst als Mensch lebte, handelte und redete, und persönlich erfahrbar auch darin, dass ich als Angeredeter mich selbst dazu anstoßen lasse, mein Leben aus dem gleichen Impuls bedingungsloser Liebe zu wagen und anderen zu gelebter Gotteswirklichkeit zu werden. In diesem Verständnis von Gotteswirklichkeit ist das Weltmodell der Drei-Stockwerke, ja selbst der Diesseits-Jenseits-Dualismus bereits überholt.

Jesu Gottesverständnis wird im Prozess der Hellenisierung allerdings wieder in den vorchristlichen Diesseits-Jenseits-Dualismus zurückgeholt und darin geistlich ausgeformt. In dieser hellenistischen Gestalt wurde der christliche Glaube trotz vieler Umformungen über zwei Jahrtausende sprachlich überliefert.

9.4.3 Mitte des 1. Jahrtausends: Der christliche Glaube erobert die germanische Welt

Bis zur Mitte des 1. Jahrtausends war die Kirche des Abendlandes nur ein größerer Anhang der morgenländischen Kirche. Um 500 nehmen der Frankenkönig Chlodwig und seine Grundherren den christlichen Glauben in seiner katholischen Fassung an. Damit öffnete sich der Weg des Christentums in die Welt der Germanen. Der neue, eine Gott verdrängte zwar die National- oder Stammesgottheiten: Diese bildeten aber in Gestalt der Heiligen weiterhin die Basis praktizierter Frömmigkeit.

Während die abendländische Kirche im gesamten Norden Europas wuchs, gingen der Ostkirche mit Syrien, Ägypten und Nordafrika die ehemaligen christlichen Zentren an den Islam verloren. Die lateinische Sprache wurde, gefördert von Karl dem Großen, in der gesamten westlichen Welt zum einigenden Band aller geistigen und kulturellen Prozesse. 1054 brach die Einheit der Kirche auseinander. Ost- und Westkirche gehen seither eigene Wege.

9.4.4 Anfang des 2. Jahrtausends: Die kirchlichen Traditionen werden zu Vernunftlehren

Bis Ende des 1. Jahrtausends bestand die kirchliche Lehre im Zitieren von Kirchenvätern. Von Beginn des 2. Jahrtausends an begann man in der lateinischen Kirche des Westens den christlichen Glauben logisch zu ordnen, seine Vernünftigkeit zu beweisen und ihn in theologisch-philosophischen Systemen zu durchdenken und darzustellen. Diese als »Scholastik« bezeichnete Ausformung des Christentums fand ihren Höhepunkt in Thomas von Aquin (1225–1274), der in seinem System Offenbarung und aristotelische Vernunft zusammenführte und damit den christlichen Glauben für Jahrhunderte auf ein Denkschema festlegte, das 1879 sogar zur Normaltheologie der römisch-katholischen Kirche erklärt wurde.

9.4.5 Mitte des 2. Jahrtausends: Reformation und Spaltung der Westkirche

In der Mystik und in den Reformbewegungen (Lollarden, J. Wyclif und Jan Hus) kündigte sich bereits ein Aufbegehren gegen das Papsttum, gegen kirchliche Missstände, gegen zu starre Reglementierung des christlichen Lebens und gegen heruntergekommene und abergläubische Formen der Frömmigkeit an. Der allgemeine Unmut und der Reformbedarf traten schließlich in der reformatorischen Bewegung hervor, angestoßen 1517 von Luthers 95 Thesen. Es geht im Kern der Reformation darum, die in der Bibel bezeugte Verkündigung Jesu von den römischen Verfremdungen in Gottesdienst, Theologie und kirchlichem Leben zu befreien und sich wieder der Botschaft Jesu auszusetzen. Die sich in den reformatorischen Kirchen entwickelnde historische Bibelwissenschaft und Forschung hatte im Reformationszeitalter freilich noch nicht das Instrumentarium, um zu erkennen, dass sie die Bibel weiterhin mit der Brille eines überlieferten hellenistischen Glaubensverständnisses las. Erst die historisch-kritischen und die religionsgeschichtlichen Forschungen konnten den reformatorischen Ansatz produktiv weiterbringen. Mit der Aufklärung entstand ein säkulares Weltverständnis, dem alle Kirchen weiterhin mit den Denkformen des antiken Monotheismus-Modells begegneten. Die Entfremdung zwischen dem Weltverständnis der Menschen und der Verkündigungssprache wuchs bis zur gegenseitigen Verständnislosigkeit und äußerte sich in wechselseitigen Schuldzuweisungen. F. Nietzsche spricht bereits 1895 von einem »Monotono-Theismus«, um das leer und unzugänglich gewordene Monotheismus-Modell zu kennzeichnen, in welchem in den Kirchen weiterhin ungebrochen von Gott geredet wurde. Der Mehrheit der Zeitgenossen ist das antike Monotheismus-Modell heute nicht mehr zugänglich und erst recht nicht mehr plausibel.

9.4.6 Beginn des 3. Jahrtausends: Die notwendige Revision unseres Redens von Gott

Ein Reden von Gott, das für die jeweiligen Adressaten verständlich und nachvollziehbar sein will, muss in deren Weltverständnis, Sprachmöglichkeiten und Symbolen geschehen. Das ist durch Jesus für seine Landsleute im Kulturgefüge des Judentums mit den Möglichkeiten der aramäischen Sprache geschehen. Die uns erhalten gebliebenen aramäischen Dokumente wurden in der griechischen Umgangssprache (Koiné) der damaligen Zeit verfasst. Damit begann bereits die notwendige Umformung in die hellenistische Kultur. Die Hellenisierung vor allem des Jesusverständnisses erreichte ihren Höhepunkt in der Lehre von der Trinität. Diese Ausformung des Christlichen galt fortan als das Wesen des christlichen Glaubens. In dieser sprachlichen Fassung wurde der christliche Glaube in die lateinische und in die germanische Kultur integriert und darin reformuliert. Das war möglich, solange im Weltverständnis drei Elemente als selbstverständlich galten:

- dass ein Gott jenseits unserer irdischen Welt existiert,
- dass Gott eine allmächtige Person ist,
- dass der jenseitige Gott in unsere diesseitige Welt handelnd eingreift.

Diese selbstverständlichen Voraussetzungen für das Weltverständnis sind der westlichen Welt seit der Aufklärung schrittweise abhanden gekommen. Damit haben alle Aussagen, die in Modellen dieser theistischen Vorgaben verfasst sind, für das zeitgenössische Verstehen ihre unmittelbare Plausibilität verloren. Die christliche Kirche steht daher heute vor einer noch schwierigeren Aufgabe als der Apostel Paulus. Der fand in der hellenistischen Welt immerhin vergleichbare theistische Vorgaben vor. Er musste für die Botschaft des christlichen Glaubens nur die seinen Hörern vertrauten und plausiblen Denkformen finden. Das schmälert seine Leistung nicht, macht aber deutlich, vor welcher Herausforderung wir heute stehen.

Die Neuformulierung des christlichen Glaubens wird nicht nur dem nichttheistischem Weltverständnis gerecht werden müssen, sie wird sich auch an den Urkunden des christlichen Glaubens so zu orientieren haben, dass deren hellenistische Interpretation nicht weiterhin ihr Verständnis reguliert und einfärbt.

9.5 Welche Kirche braucht der christliche Glaube?

9.5.1 Braucht der christliche Glaube überhaupt Kirche?

Wir haben skizziert, welche Kirchen wir nach einer zweitausendjährigen Geschichte gegenwärtig *haben*. Aber welche Kirche *braucht* der christliche Glaube, zumal in der westlichen Welt? Seit der Aufklärung wurde die bis dahin enge Verbindung von Kirche als Institution und Staat schrittweise gelöst. Der heutige demokratische Staat versteht sich als religiös neutral. Das ist zu begrüßen und zu verteidigen. Religion gilt als Privatangelegenheit des Einzelnen. Was als Gewinn zu betrachten ist, nämlich das Freiwerden aus jeglicher Bevormundung, ist aber nicht als die Freiheit zur eigenen Verantwortung, sondern weithin als die Entlassung ins Beliebige verstanden worden. So bildete sich die Einstellung: Jeder mag glauben, was er will. Und dafür braucht es keine Kirche. Neben den Kirchen gibt es genügend religiöse Angebote, und an diesem freien Buffet mag sich jeder nach seinen Bedürfnissen und nach seinem Geschmack selbst bedienen. Religion mag so funktionieren, christlicher Glaube nicht.

9.5.2 Christlicher Glaube führt in die Gemeinschaft

Christlicher Glaube als erfahrbare und gelebte Gotteswirklichkeit ist kein Gegenstand des Selbstgenusses, sondern begründet die gelebte Zuwendung zu den Menschen neben und mit mir. Christlicher Glaube setzt geradezu Gemeinschaft ins Werk. Es ist zum einen die Gemeinschaft derer, die auf dem gleichen Weg sind, und es ist zum anderen die Gemeinschaft hin zu denen, die etwas von der neuen Lebensmöglichkeit aus der Kraft bedingungsloser Liebe erfahren sollen. Christlicher Glaube ist auf wachsende Gemeinschaft hin angelegt.

9.5.3 Christlicher Glaube lebt aus der Verbindung mit seiner Lebensquelle

Christlicher Glaube ist kein Besitz, den man als angeeignetes Wissen ein für alle Mal haben kann; es ist das Leben aus einer Grundeinstellung, die allerdings von unserer natürlichen Selbstbezogenheit immer wieder aufgesogen und entkräftet zu werden droht. Die Gemeinschaft der Glaubenden ist nötig, damit sie einander immer neu an die Quelle jener selbstlosen Liebe erinnern und führen, aus denen uns die Kraft zu gleichem Handeln zufließt. Das bringt z. B. das Bild vom Weinstock und den Reben zum Ausdruck, wo gesagt wird: »Wer in mir bleibt und ich in ihm, der bringt viel Frucht« (Joh 15,5). Ohne die stetige Rückbindung an die in Jesus verkörperte

Liebe Gottes versandet christlicher Glaube in einem Gutsein des Menschen, das sich darin nur selbst feiert.

9.5.4 Christlicher Glaube braucht Sprachgemeinschaft

Christlicher Glaube wird durch Sprache vermittelt und durch Sprache lebendig gehalten. In der Sprache findet auch die Reflexion des Glaubens statt. Im sprachlichen Austausch vergewissern sich Glaubende ihres Glaubensgrundes und sie suchen darin auch nach dem angemessenen Ausdruck für die Erfahrung für Gotteswirklichkeit in ihrem Leben. In der Sprache wird nicht nur Gotteserfahrung ausgetauscht, sondern auch gewonnen. Die lebendige Sprachgemeinschaft bildet einen Filter gegen Sprachhülsen und gegen erstorbene Formeln und Metaphern.

9.5.5 Christlicher Glaube braucht die offene Dialog-Gemeinschaft

In der urchristlichen Generation waren die gottesdienstlichen Versammlungen die Sprechstunden der Gemeinde. Ihre heutige weithin monologische und kultische Gestalt lässt die Sprachfähigkeit der Gemeinde verkümmern und reduziert die kirchliche Sprache auf Formeln. Zu einer lebendigen christlichen Sprachgemeinschaft gehören wesentlich auch kritische Rückfragen und Widerspruch zum anscheinend Selbstverständlichen. Im christlichen Gottesdienst sollten um der Klarheit des Glaubens willen auch Glaubensskeptiker, Kritiker, ja Gegner der christlichen Tradition willkommen sein und in geordneter Weise zu Wort kommen. Will christlicher Glaube nicht im Getto bleiben, so muss er sich auch am Ort in den geistigen Auseinandersetzungen der Zeit bewähren, klären und sprachlich verständlich machen.

9.5.6 Christlicher Glaube braucht den ökumenischen Dialog

Die Krise der Glaubenssprache betrifft alle Konfessionen. Sie alle haben in unserer von den Naturwissenschaften geprägten Kultur der westlichen Welt ihren bisher selbstverständlichen theistischen Hintergrund verloren. Die historisch gewordenen Konfessionen sind heute nicht das entscheidende Problem eines Glaubens, der sich als erfahrbare Gotteswirklichkeit versteht. Alle Konfessionen müssen es lernen, innerhalb der Bedingungen des derzeitigen nichttheistischen Welt- und Gottesverständnisses ihren Glauben in eine Sprache zu fassen, die ihm nichts von seiner Kernsubstanz nimmt, diese aber für die Zeitgenossen verständlich artikuliert. Das wird niemand nur am Schreibtisch leisten können. Dazu bedarf es vielmehr des offenen Dialogs zwischen gleichwertigen Partnern über alle Grenzen der Konfessionen und Ideologien hinweg. Dieser grundsätzliche Dialog jenseits der konfessionellen Konzepte, die ja innerhalb des theistischen Denkens entstanden sind, könnte eine Einheit in der Basis sichtbar machen, die bisher unter den vielen Bauresten einer zweitausendjährigen Christentumsgeschichte verborgen geblieben ist.

9.5.7 Christlicher Glaube braucht Organisation

Alle Arten menschlichen Gesellens, die nicht ins Beliebige zerfallen wollen, müssen sich organisieren und sich eine institutionelle Form geben. Das haben die frühchristlichen Gemeinden zu Recht auf unterschiedliche Weisen getan. Es geht dabei nicht um die organisatorische Einheit um ihrer selbst willen oder zur Sicherung der Macht. Die Organisation christlicher Gemeinden und Kirchen kann nur das eine Ziel haben, nämlich innerhalb der jeweiligen regionalen Lebensumstände die besten Bedingungen für eine Dialog-Gemeinschaft einzurichten, sich ihres eigenen Lebensgrundes zu versichern und daraus die Kraft zu schöpfen, den Glauben als gelebte Gotteswirklichkeit auch in ihr menschliches, soziales und politisches Umfeld einzubringen.

Was unter den gegebenen Möglichkeiten die besten Bedingungen sind, das kann nur in den Regionen selbst gefunden und entschieden werden. Da sich Lebensverhältnisse regional verändern, müssen die Organisationsstrukturen auch so flexibel angelegt sein, dass sie darauf reagieren und sich neu formieren können. Alle Varianten jener Theorien, die ihre eigene gewordene Struktur zur gottgewollten Gestalt der wahren Kirche erklären, leiden an dem Selbstwiderspruch, dass sie sogar sich selbst den Status, die wahre Kirche zu sein, für jene Zeit absprechen, in der sie den Jetztzustand noch nicht erreicht hatten. Der christliche Glaube braucht Organisation, aber er braucht keine organisatorische Einheit und schon gar keine weltweite Uniformität. Leben bedeutet immer Vielfalt, und Vielfalt ist Reichtum. Monokulturen haben langfristig keine Zukunft.

9.5.8 Was und wen eine Kirche braucht, die von dieser Welt und für die Welt ist

Es kann hier offen bleiben, ob es sinnvoll und nötig ist, zwischen einer sichtbaren und einer verborgenen Kirche zu unterscheiden. Im allgemeinen Sprachgebrauch haben wir es durchweg mit der sichtbaren organisierten Form von Kirche als einer menschlichen Einrichtung in unserer Lebenswelt zu tun. Es bringt wenig, uns über Definitionen von Kirche die Köpfe heiß zu reden. Unbestreitbar ist, dass jede Organisationsform von Kirche viele Felder bestellen muss, um ihrer Aufgabe gerecht zu werden.

Schon die Ortsgemeinde braucht Räume, in denen sie sich zum Dialog versammeln kann. Sie braucht Bildungseinrichtungen und ausgebildete Menschen, die dafür geeignet und qualifiziert sind, anderen den Ursprung der vorbehaltlosen Liebe in Jesus von Nazaret zu erschließen und sie auch in öffentlicher Rede, im seelsorgerlichen, im pädagogischen und im diakonischen Handeln erfahrbar werden zu lassen. Wenn wir heute von jedem Techniker erwarten, dass er mit dem aktuellen Wissen seines Fachs vertraut ist, so darf man von denen, die zur öffentlichen Verkündigung in all ihren Formen legitimiert sind, ebenfalls erwarten, dass sie dies auf der geistigen Höhe ihrer Zeit tun.

Die Kirche braucht Spezialisten, die uns die historischen Inhalte dessen, was durch Jesus in unserer Welt gebracht wurde, erschließen, die diesen Kern von seinen historischen Übermalungen trennen und so die Basis des christlichen Glaubens freilegen, an der sich gegenwärtige kirchliche Realität messen lassen muss. Sie braucht auch Fachleute, die in der Lage sind, mit den geistigen und kulturellen Entwicklungen der Zeit und ihren führenden Repräsentanten Kontakt zu halten und Austausch zu pflegen. Geschieht das nicht, so bringt sich die Kirche selbst ins Abseits und verliert die Gesprächsebene und dazu die Menschen, denen sie die Botschaft Jesu doch nahebringen möchte.

Sie braucht schließlich in jeder Gemeinde viele berufserfahrene Menschen, die den Dialog mit den politischen, wirtschaftlichen, sozialen Realitäten und dem Weltverständnis der Menschen im Fluss halten. Es ist keine Lösung, die Realitätsblindheit von Pfarrern nur zu beklagen, selbst aber die Gesprächsmöglichkeit und Chancen, das zu ändern, nicht wahrzunehmen. Eine Kirche, die nicht nur Mitgliederpflege betreiben, sondern Kirche in ihrer Welt und für ihre Welt sein will, braucht den Sachverstand und die Welterfahrung jener, die mit den gesellschaftlichen Prozessen vertraut sind und die dabei helfen können, die Sicht und die Kräfte der Liebe auch in die wirtschaftlichen, politischen und sozialen Strukturen und Ordnungen unserer gesellschaftlichen Wirklichkeit einzutragen.

Deshalb: Kirche wird das, was christlicher Glaube unserer Welt und Gesellschaft geben kann, nur entfalten können, wenn sie sich als eine offene Dialog-Gemeinschaft gleichwertiger Partner versteht, zu der alle eingeladen sind. In einer Gemeinschaft, in der Menschen unterschiedlicher Herkunft, unterschiedlicher Bildung, unterschiedlichen Alters und unterschiedlicher Frömmigkeitsformen beieinander sind, ist es normal, dass von der gleichen Sache, nämlich der Glaubenswirklichkeit, in unterschiedlichen Denkmodellen und in unterschiedlichen »Dialekten« gesprochen wird. Hier muss es deshalb für alle zur Selbstverständlichkeit gehören, die religiösen Dialekte der anderen in ihrem Ernst zu respektieren, sie nicht abzuwerten, sondern deren inhaltliche Aussage auch in ihrer uns fremden Gestalt verstehen zu lernen. Vor diese Aufgabe stellen uns bereits die meisten Kirchenlieder, die sich in den Bilderwelten des Mittelalters, des Barock oder der Romantik äußern und durchweg in einem theistischen Dialekt verfasst sind. Eine offene Dialog-Gemeinschaft gleichwertiger Partner mutet allen Gesprächsteilnehmern die Mühe des Übersetzens zu. Wie die Vielzahl der menschlichen Sprachen ein Reichtum der Menschheit ist, so ist die Vielzahl der religiösen Dialekte ein Reichtum des christlichen Glaubens. Jeder, der in einen anderen religiösen Dialekt ernsthaft hineinhört, wird darin wertvolle Aussagen finden, die im eigenen Dialekt nicht auszudrücken sind. So beginnt jeder Dialog mit dem genauen Hinhören.

Als **Theismus** bezeichnen wir den Glauben an einen einzigen, persönlichen, außer-und überweltlichen Gott, der als Schöpfer einer Welt gegenübersteht, die er geschaffen hat, die er erhält und in deren Lauf er in freier Entscheidung jederzeit eingreifen kann. Dieses Gottesverständnis hat der christliche Glaube aus dem Judentum übernommen und darin auch die eigene Glaubenswirklichkeit zum Ausdruck gebracht. Das liegt in einem kulturellen Umfeld nahe, in welchem die Welt allgemein in Anschauungsformen verstanden wird, die dem Theismus verwandt sind. Auch das naturkundliche und philosophische Verstehen der Welt vollzog sich im Rahmen des theistischen Modells.

Mit dem Beginn der europäischen Aufklärung begann sich theistisches Denken aufzulösen. Die Naturwissenschaften erforschen ihre Sachverhalte ohne die Arbeitshypothese Gott. Die gebildeten Schichten Mitteleuropas verstehen die Welt zunehmend in naturwissenschaftlichen Kategorien. Die Umfragen der letzten Jahre zeigen, dass nur noch eine Minderheit der deutschsprachigen Bevölkerung unsere Welt als von Gott geschaffen und von ihm gelenkt sieht. Die christlichen Kirchen haben diesen Wandel im Weltverständnis offenbar noch nicht bewusst zur Kenntnis genommen. Sie interpretieren den Verlust des theistischen Weltverständnisses kurzschlüssig als einen Verlust des christlichen Glaubens. Das geschieht deshalb so, weil die bis in die Neuzeit selbstverständliche theistische *Gestalt* des christlichen Glaubens mit dem wesentlichen *Inhalt* des Glaubens gleichgesetzt und verteidigt wird.

Wäre es so, dass der christliche Glaube am theistischen Weltverständnis hängt, so könnte man ihn in Europa bereits als Auslaufmodell abschreiben. Wer aber das theistische Weltverständnis abgelegt hat, der ist damit weder zum Gottesleugner geworden noch hat er den christlichen Glauben abgelegt. Geschehen ist etwas ganz anderes. Der christliche Glaube hat in seiner theistischen Gestalt wohl seinen bisher selbstverständlichen Plausibilitätshintergrund verloren, nicht aber seinen Gehalt.

In den europäischen Sprachen wird Gottesglaube stets mit dem Theismus gleichgesetzt. Wir haben kein Wort, um Gottesglauben unabhängig von seiner theistischen Gestalt zu bezeichnen und zu denken. Deshalb wird die Hinwendung zu einem nichttheistischen Weltverständnis als Verleugnung Gottes verstanden und als »**Atheismus**« verstanden, der jede Weise einer Gotteswirklichkeit grundsätzlich bestreitet. Mit einem nichttheistischen Weltverständnis wird Gotteswirklichkeit aber nicht generell bestritten, sondern nur methodisch als ein Element der Erklärung ausgeklammert.

Eine Theologie, die den Inhalt des christlichen Glaubens an bestimmte weltbildliche Vorgaben bindet, nimmt sich damit selbst die Möglichkeit, auf kulturelle Veränderungen im Weltverständnis der Menschen zu reagieren und die Botschaft Jesu unter den Bedingungen und innerhalb anderer Weltmodelle sprachlich auszudrücken. Sie macht sich außerdem insofern selbst zur Ideologie, als sie eine kulturbedingte Denkform in den Rang einer objektiv vorgegebenen Wahrheit erhebt.

Theistisches Reden von Gott bindet Gotteswirklichkeit an eine kulturell gewordene Gestalt, sie zu denken. Ein **atheistisches** Reden von Gott kann es nicht geben, sofern mit Atheismus die Überzeugung gemeint ist, dass es Gotteswirklichkeit weder gibt noch geben kann. **Nichttheistisches** Reden von Gott sagt hingegen weder etwas über die Existenz noch über die Existenzform eines Göttlichen aus. Sie ist vielmehr der Versuch, Gotteswirklichkeit ohne die Vorgaben des Theismus zur Sprache zu bringen und sie für Menschen zugänglich zu machen, denen das eingeforderte theistische Denkmodell als Vorbedingung des Gottesglaubens den Zugang zum Inhalt des christlichen Glaubens versperrt. Nichttheistisches Reden von Gott bezweifelt also weder die Legitimität des theistischen Redens in der Geschichte des Christentums, noch bei denen, die gegenwärtig die Welt in diesem Denkmodell verstehen. Nichttheistische Redeweise bezweifelt allerdings, dass Gotteswirklichkeit nur mit der Vorgabe eines theistischen Weltverständnisses und in theistischer Sprachform zu erfahren und zu erfassen sei. Die vorliegende Arbeit kann noch kein ausgeführtes nichttheistisches Glaubensverständnis präsentieren, aber sie versteht sich als ein Anstoß dazu.